Ludewig-Wilhelm Brüggemann

Kirchhofstimmen

Ludewig-Wilhelm Brüggemann

Kirchhofstimmen

ISBN/EAN: 9783743340275

Hergestellt in Europa, USA, Kanada, Australien, Japan

Cover: Foto ©ninafisch / pixelio.de

Manufactured and distributed by brebook publishing software
(www.brebook.com)

Ludewig-Wilhelm Brüggemann

Kirchhofstimmen

Kirchhofsstimmen,

das ist:

Grabstein-Inschriften christlichen Inhalts,

bestehend in

je einem Spruch heiliger Schrift und dessen Inhalt entsprechenden Reimen, nebst geschichtlichen Anhängen.

Zusammengestellt von Past. J. W. Brüggemann.

Motto: Jes. 57, 2: „Die richtig vor sich gewandelt haben, kommen zum Frieden, und ruhen in ihren Kammern."

„Es ist alles zu thun um diesen Artikel von der Auferstehung, daß er fest in uns gegründet werde."—Luther.

Druck der Franz Gindele Printing Co., 140—146 Monroe-Str., Chicago.
1889.

Vorwort.

———

Der Sammler vorliegender „Grabsteininschriften" gerieth nicht selten in Verlegenheit, wenn Leute seiner Parochie, die ihren Verstorbenen einen „Leichenstein" setzen wollten, von ihm eine „passende" Inschrift für denselben begehrten; denn meistens wünschten sie dazu nicht blos die betreffenden Daten aus dem „Kirchenbuche", nebst Angabe des „Leichentextes", sondern auch den Inhalt dieses letzteren wiedergebende oder doch dazu passende „möglichst kurze Verse"; ja, zuweilen auch noch „ein passendes Sinnbild". Ueberdies kamen sie oft zu einer ihm ungelegenen Zeit, waren gewöhnlich schon auf dem Wege zum „Steinhauer" und wollten das Gewünschte sogleich mitnehmen.

Solcher Verlegenheit möglichst zu entgehen, und weil eine Grabschriftensammlung christlichen Inhalts derzeit nirgends aufzutreiben war, legte er selbst eine solche an, und zwar dem lokalen Bedürfniß entsprechend, durch Zusammenstellung von je einem Spruch und Vers, hie und da auch mit Andeutung eines Sinnbildes.

Die Gedanken, von welchen er sich hierbei leiten ließ, waren insonderheit folgende:

Grabschriften sollten sein —

Ein Denkmal der Liebe, oder des Bekenntnisses eines rechtschaffenen Glaubens und fröhlicher Hoffnung, ein *memento mori* (ein Todesgedächtniß), oder gleichsam kurze Leichenpredigten; jedenfalls sollten sie zu Gottes Ehre gereichen, und darum nichts dem Worte Gottes Widersprechendes enthalten. Gottes Wort selbst sollte auf keinem Grabsteine fehlen; denn:

„Die Bibel ist ein köstlich Buch:
Ein Edelstein jedweder Spruch!"

Durch einen solchen ist ein noch so einfaches Denkmal aus Holz oder Stein in den Augen der Christen auf's Herrlichste geziert, wo dagegen ohne ein Gotteswort das kostbarste Monument des schönsten Schmuckes entbehrt

Auf Wunsch und Zureden einiger Amtsbrüder wurde diese Samm=lung vermehrt und wird dieselbe dargeboten, theils Anderen in ähnlicher Lage damit zu dienen, theils auch, durch dieselbe an einem geringen Theile dazu zu helfen, daß das Setzen durchaus unpassender Inschriften auf Christengräber mehr als bisher vermieden werde. Denn es ist leider Thatsache, „daß selbst von Christen in der Wahl von Grabstein=Inschriften viele Mißgriffe gethan werden, und so die Andacht derjeni=gen gestört und ihr christliches Gefühl verletzt wird, welche den Gottes=acker besuchen und da die Inschriften der Grabdenkmäler lesen." (Dr. Walther, im „Lutheraner.") Da finden sich theils offenbar Falsches enthaltende, theils nichtssagende, phrasenhafte, theils gefühlsschwär=merische 2c., wie auf Seite 131 gegebene Beispiele, die sich beliebig vermehren lassen, zeigen.

Um dieses guten Zweckes willen wolle man äußere Mängel dieser Sammlung gelinde beurtheilen. Dieselbe soll ja weder vollständig noch in ihrer Anordnung mustergiltig sein; und wem die Zusammen=stellung von Spruch und Vers, oder die getroffene Auswahl für besondere Fälle nicht zusagt, der mag ja nach Belieben daran ändern, dem ist doch wenigstens eine reichhaltige Auswahl geboten. Auf Seite 140 f. beigegebenes S p r u c h r e g i s t e r wird das Nachschlagen erleichtern.

Im Zusammenhang gegebene G e d i c h t e oder Theile von solchen können s t r o p h e n w e i s e Verwendung finden.

Von Einigen gewünschte „W i n k e u n d R a t h s c h l ä g e" finden sich auf Seite 130 f.

Denjenigen lieben Brüdern, die zu vorliegender Sammlung — sei es durch Zusendung von Inschriften oder durch nützliche Winke und Rathschläge — so bereitwillig geholfen haben, die aber durchaus unge=nannt bleiben wollen, sei hierorts ein h e r z l i c h e r D a n k ausge=sprochen.

Mögen denn diese „Kirchhofsstimmen" eine gute Statt finden und betreffenden Ortes durch ihre stumme und doch so beredte Sprache recht Vielen zu ernster Mahnung, zu rechtem Trost und heilsamer Erbauung dienen!

F. W. Br.

Inhalts-Verzeichniß.

Einleitung.

Was wäre unser Erdenleben ohne Ziel der Ruhe und Freude? Was wären unsere Kirchhöfe ohne das Lebenswort, ohne die Auferstehungslieder, ohne das Kreuz auf den Gräbern, das bezeugt, man habe triumphirt? Wie übel sind doch die daran, die in ihrem Vernunftstolz und Unglauben meinen, „nach dem Tode sei Alles aus", und welche darum an ihren Leichensteinen nichts anzubringen wissen, als etwa eine verlöschende Fackel, das Sinnbild des Uebergangs in trostlose Finsterniß!

Wie selig dagegen die Gläubigen, die um der fröhlichen Hoffnung der Auferstehung willen nicht traurig sein müssen, wie jene, sondern von ihren Gräbern emporblicken dürfen zum offenen Himmel, wo Jesus lebt unter denen, die da schlafen, und wohin er als Haupt seine Glieder nach sich ziehen wird in die vollkommene selige Ruhe des Volkes Gottes und sie schmücken wird mit der Krone der Ueberwinder.

Wenn die Christen in der alten afrikanischen Kirche das apostolische Glaubensbekenntniß sangen, und an die Worte kamen: „Das Fleisch soll auch wieder leben", so deuteten sie mit zwei Fingern auf ihren Leib, zum Bekenntniß, daß eben d i e s e r Leib erweckt würde. – Viel nachdrücklicher, als durch diese schöne jetzt ungebräuchliche Ceremonie, können wir solchem unserem Bekenntniß in irgend einer Form auf unsern Grabsteinen Ausdruck geben.

Daß es gar nicht gleichgiltig sei, wie ein Grabdenkmal beschaffen sei und was darauf stehe, ist aus nachfolgenden Worten Dr. M Luther's zu erkennen; derselbe schreibt in seiner Vorrede zu den „Lateinischen und deutschen Begräbnißgesängen", 1546:

„St. Paulus schreibt 1 Thess. 4, 13, denen zu Thessalonich, daß sie über den Todten sich nicht sollen betrüben, wie die andern, so keine Hoffnung haben, sondern sich trösten durch Gottes Wort, als die gewisse Hoffnung haben des Lebens, und der Todten Auferstehung. Denn daß sich die betrüben, so keine Hoffnung haben, ist nicht Wunder, sinds auch nicht zu verdenken, nachdem sie außer dem Glauben Christi sind, entweder allein dies zeitliche Leben achten und lieb haben müssen, und dasselbe ungerne verlieren, oder sich nach diesem Leben des ewigen

Todes und Zornes Gottes in der Hölle versehen müssen, und daselbst ungerne hinfahren. Wir Christen aber, so von dem allen durch das theure Blut des Sohnes Gottes erlöset sind, sollen uns üben und gewöhnen im Glauben, den Tod zu verachten und als einen tiefen, starken, süßen Schlaf anzusehen, den Sarg nicht anders, denn als ein sanft Ruhebette zu halten. Wie es denn vor Gott in der Wahrheit also ist, wie er spricht Joh. 11, 11: „„Lazarus, unser Freund, schläft.““ Demnach singen wir kein Trauerlied noch Leidgesang bei unsern Todten und Gräbern, sondern tröstliche Lieder von Vergebung der Sünden, von Ruheschlaf, Leben und Auferstehung der verstorbenen Christen, damit unser Glaube gestärket und die Leute zu rechter Andacht gereizet werden; denn es auch billig und recht ist, daß man das Begräbniß ehrlich halte und vollbringe, zu Lob und Ehre dem fröhlichen Artikel unsers Glaubens, nemlich von der Auferstehung der Todten und zu Trotz dem Feinde, dem Tod, der uns so schändlich dahinfrisset, ohne Unterlaß mit allerlei scheußlicher Gestalt und Weise. Dahin auch gehört, was die Christen bisher gethan und noch thun an den Leichen und Gräbern, daß man sie herrlich trägt, schmücket, besinget und mit Grabzeichen ziert. Es ist alles zu thun um diesen Artikel von der Auferstehung, daß er fest in uns gegründet werde, denn er ist unser endlicher, seliger, ewiger Trost und Freude wider den Tod, Hölle, Teufel und alle Traurigkeit.“—W XIV, 412 ff.)

„Wenn man auch sonst die Gräber wollte ehren, wäre es fein, an die Wände, wo sie da sind, gute Epitaphia oder Sprüche aus der Schrift drüber zu malen oder zu schreiben, daß sie vor Augen wären denen, so zur Leiche oder auf den Kirchhof gingen, nämlich also, oder dergleichen:

„„Er ist entschlafen mit seinen Vätern, und zu seinem Volk versammelt.““—5 Mos., 35, 29.

„„So spricht der Herr: Siehe ich will eure Gräber aufthun, und will euch, mein Volk, aus denselben herausholen rc.““—Hes. 37, 12. (Folgen eine ganze Reihe von Sprüchen aus dem A und N. T., ibid. S. 415 ff.)

„Solche Sprüche und Grabschrift ziereten die Kirchhöfe besser, denn sonst andere weltliche Zeichen, Schild, Helm rc.

„Wo aber jemand tüchtig und lustig wäre, solche Sprüche in gute, feine Reime zu stellen, das wäre dazu gut, daß sie desto leichter behalten und desto lieber gelesen würden. Denn Reime oder Vers machen gute Sentenz oder Sprüchwort, die man lieber braucht, denn sonst schlechte (schlichte) Reden.

„Luc. 2, 29. 30. 31.

Im Fried bin ich dahingefahren;
Denn mein Augen gesehen han,
Den Heiland, Herr, von dir bereit
Zum Licht der ganzen Christenheit.
Indeß ruh ich in dieser Gruft
Bis auf meins Herrn Wiederkunft.

„Luc. 2, 29. 30. 31.

Mit Fried und Freud in guter Ruh,
Fröhlich that ich mein Augen zu,
Und legt mich schlafen in mein Grab,
Weil ich dein Heiland g'sehn hab,
Den du für uns all hast bereit,
Zum Heil der ganzen Christenheit,
Daß er das ewig Licht soll sein,
Den Heiden zum seligen Schein,
Und daß auch Israel darob,
Hab Herrlichkeit und ewigs Lob.

„Joh. 11, 25.

Christ ist die Auferstehung und das Leben,
Die Auferstehung will er geben.
Wer an ihn glaubt, das Leben wirbt,
Ob er hie auch gleich leiblich stirbt,
Wer lebt und glaubt, thut ihm die Ehr,
Wird gewißlich sterben nimmermehr.

„Hiob 19, 25.

In mein'm Elend war dies mein Trost,
Ich sprach: er lebt, der mich erlöst,
Auf den ich in der Noth vertraut,
Wird mich wieder mit meiner Haut
Umgeben, daß ich aus der Erd
Vom Tod wieder erwecket werd.
In meinem Fleisch werd ich Gott sehen,
Ist g'wißlich wahr und wird geschehen.“

Luth., Walch. **XIV**, 418 f.

So schrieb auch einst der sel. Dir. J. C. W. Lindemann:

„Die **Grabmonumente** sind viel mehr, als die meisten Menschen denken, kräftig und deutlich redende Zeugen von der Gesinnung derer, die unter ihnen ruhen — von den Begriffen und Ansichten derer, die sie setzten, — und von dem zur Zeit ihrer Herstellung herrſchenden Zeitgeiſte.... Die auf ihnen angebrachten S y m b o l e u n d F i g u r e n erzählen oft noch nach vielen Jahrhunderten, ob der Verſtorbene Heide, Jude, Chriſt oder Muhamedaner, Sectirer oder Mitglied der Kirche war. Noch deutlicher aber als die Figuren und Bilder reden die G r a b ſ c h r i f t e n , die in Stein gehauenen oder aus Erz gegoſſenen und auf Holz gemalten W o r t e.... Wie leicht unterſcheidet man ſchon von ferne einen ch r i ſt l i ch e n Gottesacker von dem Begräbnißplatz einer Stadtgemeinde, der Turngemeinde u. ſ. w.; und wie ganz verſchieden ſind wieder ein römiſch = katholiſcher und ein l u t h e r i ſ ch e r Kirchhof. Noch auffallender erkennt man dieſen Unterſchied, wenn man nicht außen ſtehen bleibt, ſondern hineintritt und die Grabſteine betrachtet, auf die angebrachten Symbole achtet, die J n ſ ch r i f t e n lieſt. Die allermeiſten Monumente, mögen ſie klein oder groß, geringfügig oder koſtſpielig ſein, e n t h a l t e n e i n G l a u b e n s = oder U n g l a u b e n s b e k e n n t n i ß, oftmals auch durch ihr Schweigen."—A b e n d ſ ch. 21, 374.

„Wollte man aus n e u e ſt e r Zeit Grabſchriften von unſern Kirchhöfen ſammeln, ſo würde man darüber erſtaunen, wie „A u f = k l ä r u n g" und „F o r t ſ ch r i t t" ſich in denſelben geltend machen. Viele, viele Grabſteine predigen dieſelbe Hoffnungsloſigkeit, denſelben thörichten Menſchenruhm, denen wir bei den Heiden begegnen. Und auch auf den Gottesäckern ch r i ſt l i ch e r Gemeinden ſieht man Leichenſteine, die mit keinem Buchſtaben es kund geben, daß ſie an ein Kind Gottes, deſſen Glauben und Hoffnung des ewigen Lebens erinnern ſollen. „„Hier ruhet ſanft in ſeiner Aſche"" oder ähnliche ſinnloſe, heidniſche Worte verunzieren mehr als einen Grabſtein, der billiger Weiſe von Jeſu Chriſto und von ſeiner Gerechtigkeit Zeugniß geben ſollte. Es iſt das ſehr zu beklagen!.... W e l ch e J n ſ ch r i f t wird einſt **deinen** Grabſtein zieren?"—E b e n d a ſ., S. 390.

Epitaphium

des ins Felsengrab gelegten Lebensfelsen.

Schauet ihr Hüter! Hier schläft der Hüter Israels,
Der sonst weder schläft noch schlummert.
Hier liegt:
Der gesetzt ist zum Auferstehen vieler in Israel.
Er ist der Gründer der Erde.
Aller Himmel Himmel können ihn nicht begreifen,
Und hier umfaßt ihn ein enges Räumlein.
Er hat dem Tode die Macht genommen,
Und hier hat ihn selbst der Tod bemächtigt.
Er hat die Schlüssel des Grabes,
Und hier liegt er selbst verschlossen im Grabe.
Er ist der Stein des Anlaufes in Zion,
Und hier ruht er unter einem Stein.
Er ist der Fels des Heils aller Menschen,
Und hier liegt er todt in einem Felsen.
Sein Auge wacht über alle Menschen,
Und hier wird er selbst von Menschen bewacht.
Er ist verstummt, der treue und wahrhaftige Zeuge.
Und das ist herrlichste Zeugniß seiner Liebe.

Tretet an das Grab dessen, den die Liebe hineintrieb.
Hier ruht:
Der keiner Ruh bedürfende Gott,
    Damit er uns des Grabes Ruhe heilige.
Hier ist des Lebens Leben begraben,
    Damit er uns alle Schauer des Grabes vergrabe.
Hier ruht das todte Leben, das wieder lebendig wird,
    Um uns alle aus der Erde zu erwecken.
Hier ist ein schmachvoll Gefallener begraben,
    Der wieder aufsteht, um alle ins Grab
        Gefallene aufzurichten.
Dieser Grabstein soll der Gedenkstein meiner Auferstehung sein;
Dieses Grabes Siegel die Siegel
      meines Glaubens bleiben;
Diese Leiche, des Ursprungs aller Creaturen, der Trost in meinem
    Tode, daß meiner Sünde Tod in seinem Grabe begraben ist.

Aus „Lutheraner", 38, 52.

1.

Grabschriften allgemeinen Inhalts.

(Nach Reihenfolge der bibl. Bücher geordnet.)

1.

1 Mose 3, 19. „Du bist Erde und sollst zu Erden werden."

Es ist die Reihe heut' an mir;
Wer weiß, vielleicht gilt's morgen dir!

Denk' o Mensch an deinen Tod;
Säume nicht, denn: „Eins ist noth!"

Quod fuimus, estis, quod sumus, eritis!

Was wir gewesen, seid jetzt ihr,
Was wir jetzt sind, das werdet ihr!

Hier, Mensch, hier lerne, was du bist;
Lern' hier, was unser Leben ist:
Ein Sarg nur und ein Leichenkleid
Bleibt dir von aller Herrlichkeit.

Ich bin aus Staub und Erden;
Das werd ich wieder werden;
Doch bin ich auch des Herrn,
Drum sterb' ich froh und gern.

Aus Staube schuf ihn einst der Herr;
Er war schon Staub und wird's nun mehr;
Er liegt, verweset, doch erwacht
Er einst aus dieses Grabes Nacht.

Komm, Sterblicher, und siehe mich:
Was du jetzt bist, das war auch ich;
Was ich jetzt bin, das mußt du werden:
Ich bin nur Asche, Staub und Erden!

2. (301.)

1 Mos. 48, 21. „Siehe, ich sterbe, und Gott wird mit euch sein."

Drum trauert nicht um mich, ihr Lieben!
Preist Gott, der alles wohl gemacht.
Bald, wenn ihr anders treu geblieben,
Folgt ihr mir in die Himmelspracht.

3.

1 Sam. 3, 18. „Es ist der Herr, er thue, was ihm wohlgefällt."

Es kann mir nichts geschehen,
Als was er hat versehen,
Und was mir selig ist;
Ich nehm' es, wie er's giebet,
Was ihm von mir beliebet,
Dasselbe hab' ich auch erkiest.

4. (188. 224.)

2 Sam. 12, 23. „Ich werde wohl zu ihm fahren, er kommt aber nicht wieder
zu mir."

Ihr Lieben alle, gute Nacht!
Mir ist nun wohl in Ewigkeit!
Drum weinet doch nicht unbedacht,
Ihr folgt mir ja in kurzer Zeit.

So ruhe wohl in Gott,
Befreit von Sünd' und Plagen;
Wir wallen gläubig fort
Trotz Sorgen, Angst und Zagen,
Bis einst auch unser Lauf
Sein selig Ziel erreicht,
Und wir aus aller Noth
Auf ewig sind befreit.

5.

Hiob 14, 5. „Der Mensch hat seine bestimmte Zeit, die Zahl seiner Monden
steht bei dir; du hast ein Ziel gesetzt, das wird er nicht über-
gehen."

Noch währt, du Lebender, dein' edle Gnadenzeit:
Sä' aus und sammle Schätze für jene Ewigkeit.

Einst kommt, o Herz, auch deine Zeit,
Da sollst du ru'n von Müh und Leid,
Da deckt dich Gottes Erde zu,
Dann lebt die Seele, doch in Himmelsruh.

Keiner die Rechnung machen soll,
Daß er allhie lang leben woll':
Er gehe aus, er gehe ein,
So steht der Tod und wartet sein.

Nicht mir gilt dieser Leichenstein,
Für dich, o Wand'rer, soll er sein;
Du mußt einst auch wie ich erblassen
Und alles hinter dich verlassen.
Drum lern' die Kunst zu sterben früh,
O lerne sie, dann stirbst du nie.

Geh', übersteig' nur Berge
Und Höh'n, es steht dir frei:
Dem kleinen Grabeshügel
Kommst du doch nicht vorbei!
Da kannst du nicht hinüber,
Und wär' er noch so klein:
Da bleibst du müde liegen —
Da legt man dich hinein.

Es kann nicht anders sein:
Das Leben eilt von bannen;
Der Tod läßt sich nicht bannen;
Es muß gestorben sein.
Doch dort im andern Leben
Wird's keinen Tod mehr geben,
Da wird's ganz anders sein.
Todter Tod, dein kalt Gesicht,
Kann hinfort mich schrecken nicht.

6.

Hiob 17, 1. „Das Grab ist da!"

Seib allzeit bereit: der Tod ist nicht weit!

Denk' oft an den Tag,
Den Niemand vermeiden mag!
Wer stets gedenkt zu sterben,
Kann nimmermehr verderben.

7. (370, 401.)

Hiob 19, 25, ff. „Ich weiß, daß mein Erlöser lebet; und er wird mich hernach aus der Erde auferwecken; und werde darnach mit
dieser meiner Haut umgeben werden, und werde in meinem Fleische Gott sehen. Denselben werde ich mir sehen,
und meine Augen werden ihn schauen, und kein Fremder."

Wenn man alle Welt begräbt,
Weiß ich doch, daß Jesus lebt.

Herr, laß deinen Tod mir geben
Auferstehung, Heil und Leben.

„Ich weiß, daß mein Erlöser lebt,"
Daß ich erwecket aus der Erde,
Wenn er sich zum Gericht erhebt,
Im Fleisch ihn schauen werde.

„Ich weiß, daß mein Erlöser lebt!"
Auf Felsen steht mein Glaube:
Ich weiß, daß er auch mich erhebt
Aus der Verwesung Staube.

Es war getödtet Jesus Christ,
Und sieh'! er lebet wieder:
Weil nun das Haupt erstanden ist,
Steh'n wir auch auf, die Glieder.

Der Glaube den Tod fürchtet nicht;
Er spricht mit fester Zuversicht:
Weil Jesus lebt, so werd' ich leben!
Was er verheißt, das hält er eben.

„Ich weiß, daß mein Erlöser lebt,"
Drum kann der Tod mich nicht erschrecken:
Der meine Seel' zu sich erhebt,
Wird auch den Leib einst auferwecken.

Weil der Trost vor Augen schwebt:
Jesus, mein Erlöser, lebt!
Darum fahr' ich freudig hin,
Sterben ist nun mein Gewinn.

Mein Jesus lebt, das Grab ist offen!
Drum geh' ich freudig in die Gruft;
Nun kann auch ich im Tode hoffen,
Daß mich sein Wort ins Leben ruft.

Jesus, meine Zuversicht
Und mein Heiland, ist im Leben.
Dieses weiß ich, sollt' ich nicht
Darum mich zufriedengeben?
Was die lange Todesnacht
Mir auch für Gedanken macht.

Jesus, der mein Heiland, lebt;
Ich werd' auch das Leben schauen,
Sein, wo mein Erlöser schwebt,
Warum sollte mir denn grauen?
Lässet auch ein Haupt sein Glied,
Welches es nicht nach sich zieht?

Wenn ich in meinem Grabe
Nun ausgeschlafen habe,
So werd' ich aufersteh'n:
Wie Christus von den Banden
Des Todes ist erstanden,
So soll auch ich einst frei ausgeh'n.

———

(Siehe auch Luther's Reim in der Einleitung, S. 8.)

8.

Pf. 3, 6. „Ich liege und schlafe, und erwache; denn der Herr hält mich."

9.

Pf. 4, 9. „Ich liege und schlafe ganz mit Frieden."

Wer hier glaubensvoll geschieden,
Lebet ewig dort im Frieden.

Hier ist Friede; es stört kein Leid
Die Seligkeit, die uns in Ewigkeit erfreut.

10.

Pf. 8, 5. „Was ist der Mensch, daß du sein gedenkest, und des Menschen Kind, daß du dich sein annimmst?"

Du leitest, Herr, nach deinem Rath
Die Deinen in der Welt;
Führst du sie auch auf dunklem Pfad,
Geht's doch zum Himmelszelt.

11.

Pf. 9, 11. „Drum hoffen auf dich, die deinen Namen kennen, denn du ver-läffest nicht, die dich, Herr, suchen."

Bei dir nur alleine
Ist Friede und Freud',
Und ohn' dich giebt's keine
Wahrhaft'ge Seligkeit.

12.

Pf. 10, 17. „Das Verlangen der Elenden hörest du, Herr; ihr Herz ist gewiß, daß dein Ohr darauf merket."

Am jüngsten Tag erweck' mein'n Leib,
Hilf, daß ich bir zur Rechten bleib',
Daß mich nicht treffe dein Gericht,
Welch's das erschrecklich' Urtheil spricht.

13. (191. 341.)

Pf. 16, 6. „Das Loos ist mir gefallen aufs Liebliche, mir ist ein schön Erb-theil worden."

Ich schaue Jesu Angesicht;
Daran gedenkt und weinet nicht.

Ein jeder sucht und liebt etwas,
Der eine dies, der andre das;
Mein Gut und Theil ist Gott vor allen:
Mir ist ein lieblich Loos gefallen.

Mit Kleidern glänzend reine,
Mit Lichtglanz angethan,
Mit einer Kron' gar feine,
Schau' ich nun Jesum an
Mit Aug'n, nicht mehr umschleiert
Von Kreuzesthrän'n und Schmerz;
Und frei von Leiden feiert
Und jauchzt ihm nun mein Herz.

14. (371.)

Pf. 16, 11. „Du thust mir kund den Weg zum Leben; vor dir ist Freude die
Fülle, und lieblich Wesen zu deiner Rechten ewiglich.“

Dort wird mir Jesus alles geben:
Freude die Fülle und lieblich Leben.

Die ich hier liebte, seh' ich dort im Licht.
Was hier betrübte, stört dort mein Loblied nicht.

Ich lass' der Welt vergänglich Glück,
    Lass' Schmerz und Elend hier zurück,
Und bringe, frei von aller Noth,
    In's Freudenleben durch den Tod.

Wo meine Seele wohnet,
Weiß man von keinem Leib;
Da, wo mein Jesus thronet,
Ist lauter Seligkeit.

Soll'n wir uns hier nicht länger seh'n,
So soll's in jener Welt gescheh'n;
Da trefft auch ihr auf's Beste an,
Was euer Herz nur wünschen kann.

Ich habe g'nug! mein Jesus ist mein Herr
    Und theurer Lebensfürst,
Der hat ein Herz, das nach der Menschen Heil
    Und Wohlergeh'n dürst't.
Wo sich der Herr hat hinbegeben,
Da soll der Diener gleichfalls leben.
    Ich habe g'nug!

O welch' ein froh Erwachen   Ein Glänzen ohne Gleichen
In Himmelsherrlichkeit!   Umgiebt mich ganz und gar,
O welch' ein selig Lachen   Hier in der Engel Reigen
In meiner Seligkeit!   Im ewigen Jubeljahr!

15.

Pf. 17, 15. „Ich will schauen dein Antlitz in Gerechtigkeit; ich will satt
werden, wenn ich erwache nach deinem Bilde.“

Ich schaue Gottes Angesicht:
Daran gedenkt und weinet nicht.

Wer lebt und glaubt, thut ihm die Ehr,
Wird g'wißlich sterben nimmermehr.

O Lebensfürst, ich weiß du wirst
    Mich wieder auferwecken;
Sollte denn mein gläubig Herz
    Vor der Gruft erschrecken?

Wann soll es doch geschehen?
Wann kommt die liebe Zeit,
Daß wir ihn werden sehen
In seiner Herrlichkeit?

Du Tag, wann wirst du sein,
Daß wir den Heiland grüßen,
Daß wir den Heiland küssen?
Komm, stelle dich doch ein!

16.

Pf. 23, 1. 2. „Der Herr ist mein Hirte; mir wird nichts mangeln. Er weidet mich auf grüner Aue, und führet mich zum frischen Wasser."

Unter Lilien jener Freuden Sollst du weiden,
Seele, schwinge dich empor!
Als ein Adler fleug behende. Jesu Hände
Oeffnen schon das Perlenthor.

Er führt mich auf die Weide
Der sel'gen Himmelsfreude, Die allen Jammer stillt.
Er leitet mich zur Quelle, Der ewig klar und helle
Des Lebens Wasser frisch entquillt.

In kurzer Zeit wird Jesus Christ
Dich wieder auferwecken,
Und weil du auch sein Schäflein bist,
Wird er die Hand ausstrecken,
Dich führen in sein Himmelreich,
Da du mit Leib und Seel' zugleich
Bei ihm sollst ewig leben.

17.

Pf. 25, 1. „Nach dir, Herr, verlanget mich. Mein Gott, ich hoffe auf dich."

Selig, ja, selig ist der zu nennen,
Deß Hülfe der Gott Jakobs ist,
Welcher vom Glauben sich nichts läßt trennen,
Und hofft getrost auf Jesum Christ.

18.

Pf. 25, 10. „Die Wege des Herrn sind eitel Güte und Wahrheit denen, die seinen Bund und Zeugniß halten."

Hier geht der Weg durch's finstre Thal,
Durch manche Prüfung, Schmerz und Qual.
Wohl dem, der hier trägt Christi Joch:
Er schlummert ein, und lebt doch noch.

19.

Pf. 27, 13. „Ich glaube, daß ich sehen werde das Gute des Herrn im Lande der Lebendigen."

Wer an ihn glaubt, das Leben wirbt,
Ob er auch gleich hie zeitlich stirbt.

Hier lebt der Christ im Glauben,
Auf Gott steht sein Vertrauen;
Nichts kann der Tod ihm rauben:
Durch's Grab geht es zum Schauen.

20.

Pf. 31, 6. „In deine Hände befehle ich meinen Geist; du haft mich erlöfet, Herr, du treuer Gott."

Gott ist barmherzig und verstößt
Im Tode nicht, den er erlöst,
Der glaubt, daß seine Missethat
Christus am Kreuz getilget hat.

21.

Pf. 34, 7. „Da diefer Elende rief, hörte der Herr und half ihm aus allen Nöthen."

Wer Gott treu bleibt bis an den Tod,
Dem wischt er alle Thränen ab.

Drum, arme Seel', ruf Jesum an:
Er ist der rechte Wundermann,
Der hilft aus allen Nöthen.

22. (372.)

Pf. 34, 20. 21. „Der Gerechte muß viel leiden; aber der Herr hilft ihm aus dem allen. ... Er bewahret ihm alle seine Gebeine, daß deren nicht eins zerbrochen wird."

Zum sichern Port ich kommen bin:
Sünd', Tod, Höll', Teufel fahret hin!
Bei Christo hab' ich Fried' und Freud'
Und leb' ewig in Seligkeit.

Dieser Leib in seinem Grabe
Eine sanfte Ruhe habe.
Einst wird er ersteh'n zum Leben
Und in ew'ger Freude schweben.

Begrabet mich nun immerhin,
Wo ich so wohl verwahret bin,
Bis Jesus Christus, unser Hirt,
Mich wieder auferwecken wird.

23.

Pf. 37, 5. „Befiehl dem Herrn deine Wege, und hoffe auf ihn, er wird's wohl machen."

Er bringt uns an die Pforten,
Die in den Himmel führt,
Daran mit gülb'nen Worten
Der Reim gelesen wird:

Wer dort mit wird verhöhnt,
Wird hier auch mit gekrönt,
Wer dort mit sterben geht,
Wird hier auch mit erhöht.

24.

Pf. 39, 5. „Herr, lehre doch mich, daß es ein Ende mit mir haben muß, und mein Leben ein Ziel hat, und ich davon muß." (Vergleiche No 31.)

25. (350.)

Pſ. 39, 10. „Ich will ſchweigen, und meinen Mund nicht aufthun; du, Herr, wirſt's wohl machen."

Gott hat es alles wohl bedacht
Und alles, alles wohl gemacht;
Gebt unſerm Gott die Ehre.

Drum legt die Hand auf euren Mund,
Und ſeht auf Gott, der euch verwund't,
Der euch zu helfen iſt bereit,
Wenn's dienet eurer Seligkeit.

26.

Pſ. 42, 12. „Harre auf Gott!"

Sei ſtill in mir, mein Herz, Was willſt du wanken?
Ich werd' ihm nach dem Schmerz Gewiß noch danken.

27.

Pſ. 62, 2. „Meine Seele iſt ſtille zu Gott, der mir hilft."

Geht es nur dem Himmel zu,
Und bleibt Jeſus ungeſchieden,
So bin ich zufrieden.

Unverzagt und ohne Grauen
Soll ein Chriſt, wo er iſt,
Stets ſich laſſen ſchauen;
Wollt' ihn auch der Tod aufreiben,
Soll der Muth dennoch gut
Und fein ſtille bleiben.

28.

Pſ. 62, 6. „Meine Seele harret nur auf Gott; denn er iſt meine Hoffnung "

Ein Herz, das ihm vertrauet
Und gläubig auf ihn bauet,
Wird doch zuletzt erquickt.

29. (287.)

Pſ. 73, 23. 24. „Dennoch bleibe ich ſtets an dir; denn du hältſt mich bei meiner rechten Hand, du leiteſt mich nach deinem Rath, und nimmſt mich endlich mit Ehren an."

„Dennoch" iſt ein ſchönes Wort,
„Dennoch!" ſpricht mein Glaube;
„Dennoch!" ſag' ich fort und fort,
Ob ich werd' zu Staube.

30. (375.)

Pf. 73, 25. 26. „Wenn ich nur dich habe, so frage ich nichts nach Himmel und Erde. Wenn mir gleich Leib und Seele verschmachtet, so bist du doch, Gott, allezeit meines Herzens Trost und mein Theil."

Legt man mich gleich in das Grab:
G'nug, Herr! wenn ich dich nur hab'.

Nichts ist, das mich von Jesu scheide,
Nichts, es sei Leben oder Tod.

Lauter ganz vollkommne Gaben
Wir allein in Jesu haben;
Denn er selber, Jesus Christ,
Alles mir in allem ist.

Abe! mit deinen Schätzen
Du trugesvolle Welt,
Dein Koth kann nicht ergötzen;
Weißt du, was uns gefällt?

Der Herr ist unser Preis.
Der Herr ist uns're Freude
Und köstliches Geschmeide,
Zu ihm geht uns're Reis'.

31. (415.)

Pf. 90, 12. „Herr, lehre uns bedenken, daß wir sterben müssen, auf daß wir klug werden." (Vergleiche No. 24.)

Unser Leben fleucht behende:
Mensch, bedenke doch das Ende!

Herr, laß mich täglich Rechnung halten
Durch ernste Prüfung, Buß' und Reu',
Damit die letzte beim Erkalten
Nicht allzugroß und schwer mir sei.

Nun lassen wir ihn hier schlafen,
Und geh'n all' heim uns're Straßen,
Schicken uns auch mit allem Fleiß;
Denn der Tod kommt uns gleicher Weis'.

Steh', Wand'rer, still, mit Fleiß bedenke:
Auch dein End' naht, wer weiß, wie bald!
Drum eile! fasse Jesu Hände!
Nur er hilft aus des Tod's Gewalt.

Ach, was ist doch uns're Zeit?
Nebel, Rauch und Wind und Schatten.
Menschen können nicht bestehen, Sie vergehen
Wie die Blumen auf den Matten.
Unser Leben fleucht behende:
Mensch, bedenke doch das Ende!

32. (267.)

Pf. 103, 17. „Die Gnade aber des Herrn währet von Ewigkeit zu Ewigkeit
über die, so ihn fürchten."

Alles Ding währt seine Zeit,
Gottes Lieb' in Ewigkeit.

Alles Fleisch ist Gras und muß vergeh'n,
Gottes Wort allein bleibt ewig steh'n.

Wie Blumen verblüh'n,   Als Gott und sein Wort,
Das Leben entflieht;   Seine Gnade und Treu',
Muß alles vergeh'n,   Die sind heut' und morgen
Nichts ist, das besteht,   Und ewiglich neu!

33.

Pf. 116, 15. „Der Tod seiner Heiligen ist werth gehalten vor dem Herrn."

Gar nichts verdirbt, Der Leib nur stirbt,
Doch wird er auferstehen,
Und in ganz verklärter Zier Aus dem Grabe gehen.

Die Asche meiner Glieder   Mit einem neuen Scheine
Gibt Gott mir alle wieder,   Mir alle mein' Gebeine
Wenn einst der große Hirt   Ganz herrlich überziehen wird.

34.

Pf. 119, 19. „Ich bin ein Gast auf Erden."

Ich bin ein Gast auf Erden
Und hab' hier keinen Stand;
Der Himmel soll mir werden:
Da ist mein Vaterland.

35.

Pf. 119, 76. „Deine Gnade müsse mein Trost sein, wie du deinem Knecht
zugesagt hast."

Gnade ist ein süßes Wort,
Gnade lindert Pein und Schmerzen,
Gnade treibt den Kummer fort,
Gnade heilt verwund'te Herzen,
Gnade schenkt der Seele Ruh',
Gnade wirft uns alles zu,
Daß kein Feind uns nirgends schade:
Drum so suche nichts als Gnade!

36. (377.)

Pf. 126, 1. „Wenn der Herr die Gefangenen Zions erlösen wird, so werden
wir sein, wie die Träumenden."

Dort werden wir den Heiland schauen,
Der unsern Jammer ewig stillt,
Und weiden auf den Lebensauen,
Verkläret in sein Ebenbild.

O möchten wir einst fröhlich
Uns droben wiederseh'n,
Und alle, alle selig
Vor Gottes Throne steh'n!

Nicht im Leib des Todes wallen,
Ohne Thränen, ohne Schmerzen,
Ohne böse Lust im Herzen:
O welch' Wunder doch vor allen!

Ach, ich habe schon erblicket
Alle diese Herrlichkeit:
Jetzt werd' ich gar schön geschmücket
Mit dem weißen Himmelskleid.

O wie bald kannst du es machen, Daß mit Lachen
Unser Mund erfüllet sei!
Du kannst durch des Todes Thüren Träumend führen,
Und machst uns auf einmal frei.

Im Augenblick erhebt die Seele sich
Bis an das Firmament,
Wenn sie verläßt so sanft, so wunderlich
Die Stätt' der Element',
Fährt auf Eliä Wagen, Mit engelischer Schaar,
Die sie in Händen tragen, Umgeben ganz und gar.

37.

Pf. 146, 4. „Des Menschen Geist muß davon, und er muß wieder zu Erde werden." (Siehe 1 Mos. 3, 19. Seite 11.)

38.

Spr. 3, 12. „Welchen der Herr lieb hat, den strafet er, und hat Wohlgefallen an ihm, wie ein Vater am Sohne." (Vergl. No. 178.)

Ihm will ich mich ergeben
In Freud' und Leid: Es kommt die Zeit,
Wo öffentlich erscheinet, Wie treulich er es meinet.

39.

Spr. 8, 17. „Ich liebe, die mich lieben; und die mich frühe suchen, finden mich."

40.

Spr. 8, 34. „Wohl dem Menschen, der mir gehorchet, daß er wache an meiner Thür täglich."

41.

Spr. 8, 35. „Wer mich findet, der findet das Leben, und wird Wohlgefallen vom Herrn bekommen."

Selig, wem Gott die Gnad' verleiht,
Daß er zum Tod' ist stets bereit;
Der Reichst' und Seligst' über All',
Wer bei Gott ist im Himmelssaal!

42.

Spr. 10, 17. „Das Gedächtniß der Gerechten bleibt im Segen."

43.

Pred. Sal. 12, 7. „Der Staub muß wieder zu der Erde kommen, wie er
gewesen ist, und der Geist wieder zu Gott, der ihn
gegeben hat."

Ist gleich allhie in kühler Erd'
Die Hand voll Staub verdorben:
Ich war des Herrn, Ich bin des Herrn,
So bleib' ich ungestorben.

44.

Hohel. Sal. 6, 2. „Mein Freund ist mein, und ich bin sein."

Man les' es auf dem Grabesstein:
„Mein Freund ist mein, und ich bin sein!"

Mit Freud' fahr ich von bannen
  Zu Christi, dem Bruder mein,
Daß ich mög' zu ihm kommen
  Und ewig bei ihm sein.

45. (418. 438.)

Jes. 28, 29. „Des Herrn Rath ist wunderbarlich, und führet es herrlich
hinaus."

Unerforschlich, Herr, sind deine Wege;
Doch du meinst es gut.
Wissen wir uns nur in deiner Pflege,
Sind wir wohlgemuth.

Sein Rath ist wunderbar:
Gott führt durch Freud' und Schmerzen,
Und meint, o Mensch, dein Heil
Doch jedesmal von Herzen.

Du leitest, Herr, nach deinem Rath
Die Deinen in der Welt;
Führst du sie auch auf dunklem Pfad,
Geht's doch zum Himmelszelt.

So führst du doch recht selig, Herr, die Deinen
Ja, ob auch meistens wunderlich, doch selig.
Wie könntest du es böse mit uns meinen,
Da deine Treu nicht kann verleugnen sich!

46. (236. 433.)

Jes. 43, 1. „Ich habe dich bei deinem Namen gerufen: Du bist mein."

Herr, mein Hirt, Brunn' aller Freuden, Du bist mein,
  Ich bin dein, Niemand kann uns scheiden.
Ich bin dein, weil du dein Leben Und dein Blut
  Mir zu gut In den Tod gegeben.

47.

Jes. 53, 4. „Fürwahr, er trug unsere Krankheit, und lud auf sich unsere Schmerzen."

Im Leid (Tod) kein größ'rer Trost mag sein,
Denn oft (recht) betrachten Christi Pein.

48.

Jes. 53, 5. „Die Strafe liegt auf ihm, auf daß wir Friede hätten, und durch seine Wunden sind wir geheilt."

Christi Blut und Gerechtigkeit,
Das ist mein Schmuck und Ehrenkleid,
Damit will ich vor Gott besteh'n,
Wenn ich zum Himmel werd' eingeh'n.

49. (239.)

Jes. 54, 10. „Es sollen wohl Berge weichen, und Hügel hinfallen; aber meine Gnade soll nicht von dir weichen, und der Bund meines Friedens soll nicht hinfallen, spricht der Herr, dein Erbarmer."

Weicht, Berge weicht; fallt hin, ihr Hügel,
Mein Glaubensgrund hat dieses Siegel:
Gott ist getreu!

50.

Jes. 55, 8. „Meine Gedanken sind nicht eure Gedanken, und eure Wege sind nicht meine Wege, spricht der Herr."

Es kann uns nur der Glaube trösten,
Daß Gott es weiß allein am besten,
Was uns hienieden heilsam sei
Und uns einst ewig dort erfreu'.

51. (384.)

Jes. 57, 2. „Die richtig vor sich gewandelt haben, kommen zum Frieden, und ruhen in ihren Kammern."

Gelobt sei Gott! Der seinen Diener erlöset hat.
Nach des Tages Last hienieden
Ruht er nun selig und im Frieden.
(Sein Gedächtniß bleibt im Segen.)

In Frieden heimzufahren,	Macht nicht die Fahrt in Frieden
Darauf kommt alles an;	Allhier ein selig End'
Was wir auf Erden waren,	So ist dort nichts beschieden
Uns gar nichts nützen kann.	Als Qual, die ewig brennt.

52.

Jer. 9, 24. „Wer sich rühmen will, der rühme sich deß, daß er mich wisse und kenne, daß ich der Herr bin."

Im Tod' muß alles Rühmen schwinden;
Wohl dem, bei dem's im Leben schwand!
Und wollt ihr dennoch Ruhm verkünden,
Rühmt, daß ich Jesum hab' erkannt.

Wenn ich zur Ruh' getragen werde.
Singt: „Jesus, meine Zuversicht!" —
Begrabet mich in Gottes Erde
Bei meinem Volk, und anders nicht.

53. (217. 195. 385.)

Jer. 31, 13. „Ich habe dich je und je geliebet, darum habe ich dich zu mir gezogen aus lauter Güte."

Von je und je war Jesus mir gewogen,
Und hat aus Lieb' mich nun zu sich gezogen

Mein Jesus war in Liebe Mir je und je gewogen,
Drum hat auch nur aus Liebe Er mich zu sich gezogen.

Ich bin der bösen Welt entflogen,
Darinnen ihr euch noch betrübt:
Mich hat der Herr zu sich gezogen,
Weil er mich je und je geliebt.
Ich schaue Jesu Angesicht,
Daran gedenkt und weinet nicht.

O Jesu! meine Seele ist
Zu dir schon aufgeflogen:
Du hast, weil du voll Liebe bist,
Mich ganz zu dir gezogen.
Fahr' hin, was heißet Stund' und Zeit!
Ich bin in sel'ger Ewigkeit.

54. (240.)

Jer. 31, 20. „Ist nicht Ephraim mein theurer Sohn, und mein trautes Kind? Denn ich denke noch wohl daran, was ich ihm geredet habe; darum bricht mir mein Herz gegen ihn, daß ich mich sein erbarmen muß, spricht der Herr."

Es ist noch immer Gnade da
Für einen armen Sünder.
Gott selbst bringt sie ihm liebreich nah'
Und locket ihn nicht minder:
„Ach, komm doch, du verlorner Sohn,
Mein trautes Kind, mein Schmerzenslohn!
Ich bin dir Sünder gnädig!"

55.

Klagel. Jer. 3, 31—33. „Der Herr verstößt nicht ewiglich; sondern er betrübet wohl, und erbarmet sich wieder nach seiner großen Güte. Denn er nicht von Herzen die Menschen plaget und betrübet."

Kommt Noth und Leid, verzage nicht:
Zu seiner Zeit folgt Freud' und Licht.

56.

Dan. 12, 13. „Ruhe, daß du aufstehst in deinem Theil am Ende der Tage."

Ruhe sanft in deinem Grabe
Bis zum Auferstehungstage!

So Gott will, finden wir
    Ihn bald im Himmel wieder,
Und stimmen freudig ein
    In seine Jubellieder.

57.

Weish. 2, 23. „Gott hat den Menschen geschaffen zum ewigen Leben."

Des Herren Jesu Tod
    Ist meines Todes Ende:
Mein Geist ist schon hinauf
    In die durchgrab'nen Hände:
Mein Leib wird erst zu Staub vergeh'n,
Dann aber herrlich auferrsteh'n.

58. (196.)

Weish. 3, 1. „Der Gerechten Seelen sind in Gottes Hand, und keine Qual rühret sie an."

Der Gerechten Seelen
    Sind in Gottes Hand:
Nichts kann sie mehr quälen
    Dort im sel'gen Stand.

59. (277.)

Weish. 4, 7. „Der Gerechte, ob er wohl zeitlich stirbt, ist er doch in der Ruhe."

Niemand mein'n Tod beweinen soll:
Ich leb' in Gott, und mir ist wohl!

Ruhe sanft in Gottes Schoß!
Seligkeit ist nun dein Loos.
Einst beim frohen Auferstehen
Werden wir uns wiedersehen!

60.

Sir. 1, 13. „Wer den Herrn fürchtet, dem wird's wohl gehen in der letzten Noth, und wird endlich den Segen behalten."

Gottes Segen
Auf Todeswegen
Macht das Scheiden
Zu Himmelsfreuden.

61.

Sir. 14, 18. „Bedenke, es ist der alte Bund: Du mußt sterben."

Dieweil hier alles fällt,
Denk' an ein' andre Welt,
Verlaß all's, was vergeht,
Such', was ewig besteht!

62.

Sir. 22, 11. „Man soll nicht zu sehr trauern über den Todten; denn er ist zur Ruhe kommen."

Gute Nacht, ihr meine Lieben!
Laßt mein'n Tod euch nicht betrüben:
Will's Gott, kann es bald geschehen,
Daß wir uns dort wiedersehen.

O, gönnet mir doch dieses Glücke,
Das größer ist als ihr gedenkt;
Enthaltet euch der Thränenblicke,
Ich werd' ja hier mit Trost getränkt.
Ach, mäßigt doch die Traurigkeit:
Ich bin in großer Herrlichkeit!

63.

Matth. 3, 12. „Er wird seine Tenne fegen und den Weizen in seine Scheune sammeln."

Mein Heiland meint es immer gut,
Wenn mir das Kreuz auch wehe thut;
Er will ja doch mein Bestes nur,
Daß ich soll folgen seiner Spur.

64. (386.)

Matth. 5, 4. „Selig sind, die da Leid tragen; denn sie sollen getröstet werden."

Auf dein Wort trag' ich Schmach und Pein,
Auf dein Wort leid' ich Schaden,
Auf dein Wort will ich Sünder sein,
Auf dein Wort hoff' ich Gnaden.
Auf dein Wort scheid' ich ab,
Und ruh' darauf im Grab,
Auf dein Wort will ich aufersteh'n,
Auf dein Wort in den Himmel geh'n.

65.

Matth. 5, 8. „Selig sind, die reines Herzens sind; denn sie werden Gott schauen."

Jesus macht' mich von Sünden rein:
So mußt' mein Tod zum Leben sein.

66.

Matth. 6, 33. „Trachtet am ersten nach dem Reiche Gottes, und nach seiner Gerechtigkeit."

67.

Matth. 7, 14. „Die Pforte ist enge und der Weg ist schmal, der zum Leben führet, und Wenige sind ihrer, die ihn finden."

Ich hang' und bleib auch hangen
An Christo, als ein Glied;
Wo mein Haupt durch ist gangen,
Da nimmt es mich auch mit.
Er reißet durch den Tod,
Durch Welt, durch Sünd' und Noth,
Er reißet durch die Höll':
Ich bin stets sein Gesell'.

68. (198. 212. 218.)

Matth. 9, 24. „Das Mädlein ist nicht todt, sondern es schläft."

Was verschließet diese Bahre,
Dieses Grab und dieser Stein?
Das, was darin wird verwahret,
Ist nicht todt, es schlief nur ein.

So ruhe in der stillen Gruft,
Bis dich dein Jesus wieder ruft;
Wir folgen ihm indessen still
Und leiden, wie sein Rath es will.

69.

Matth. 13, 43. „Dann werden die Gerechten leuchten wie die Sonne in ihres Vaters Reich."

Mich kann kein Schmerz mehr rühren,
Noch über mich regieren
Des Todes finstre Nacht.
Ein ander Licht und Leben
Hat mir mein Heiland geben
Und mich ins Paradies gebracht.

Wie selig bin ich jetzt im Himmelssaale
Vor Gottes Thron', vor seinem Angesicht',
Wo ich vom Glanz der Seligkeiten strahle,
Noch heller als das klarste Sonnenlicht.

70. (228.)

Matth. 18, 11. „Des Menschen Sohn ist kommen, selig zu machen, das verloren ist."

71.

Hes. 34, 16. „Ich will das Verlorne suchen, und das Verirrte wieder bringen."

Ich hatte mich verirret,
In Sünden ganz verwirret;
Doch hast du mich gefunden,
Und tröstlich losgebunden.

Nun werd' ich nicht verloren;
Denn ich bin neugeboren:
Nun hab' ich Heil zu hoffen,
Der Himmel steht mir offen.

72.

Matth. 22, 30. „In der Auferstehung sind sie gleich wie die Engel Gottes im Himmel."

Wenn wir einst uns wiederfinden
In dem schönen Himmelreich,
Sind auch wir frei aller Sünden,
Gottes lieben Engeln gleich.

73.

Matth. 22, 32. „Gott aber ist nicht ein Gott der Todten, sondern der Lebendigen."

Wer sich auf seinen Gott verläßt,
Deff' Hoffnung stehet felsenfest.

Den Körper nun die Erd' bedeckt,
Bis ihn Gott wieder auferweckt,
Der sein's Geschöpf's gedenken wird,
Welch's war nach seinem Bild formiert.

74.

Marc. 5, 36. „Fürchte dich nicht, glaube nur!"

O glaube nur und fürcht' dich nicht:
Der Glaub' des Todes Macht zerbricht.

Christ ist die Auferstehung und das Leben,
Das ew'ge Leben will er geben.

75. (407.)

Marc. 7, 37. „Der Herr hat alles wohlgemacht!"

„Der Herr hat alles wohlgemacht,"
Er wird nichts böse machen!
Dies, fromme Seele, wohl betracht'
In allen deinen Sachen:
In Freud' und Leid, in Glück und Noth,
In Krankheit, Jammer, Kreuz und Tod,
In Kummer, Angst und Schmerzen;
Das glaub', o Herz, von Herzen.

Wenn auch dein letztes Stünblein kömmt,
Das dich Gott von der Welt hinnimmt
So sollst du sagen wohlbedacht:
„Der Herr hat alles wohlgemacht!"

Mein erstes Wort am jüngsten Tag,
Wenn ich aufsteh' ohn' alle Plag',
Soll schallen nach der langen Nacht:
„Der Herr hat alles wohlgemacht!"

Wenn ich nun geh' in Himmel ein,
Da will ich erst recht fröhlich sein,
Und singen, daß das Herze lacht:
„Der Herr hat alles wohlgemacht!" Hallelujah!

Wenn wir uns einst wiederfinden,
  Wenn die Trübsal ist vollbracht,
Wollen selig wir verkünden:
  „Gott hat alles wohlgemacht!"

76.

Marc. 16, 16. „Wer da glaubet und getauft wird, der wird selig."

Ob mir Herz und Augen brechen,
Soll die Seele dennoch sprechen:
„Ich bin ein getaufter Christ,
Der nun ewig selig ist!"

Nun, so soll ein solcher Segen
  Mir ein Trost des Lebens sein;
Muß ich mich zu Grabe legen,
  Schlaf' auf diesen Trost ich ein.

77. (244.)

Luc. 10, 20. „Freuet euch aber, daß eure Namen im Himmel geschrieben sind"

Ich bin im Himmel angeschrieben,
  Ich bin ein Kind der Seligkeit.
Was kann die Sünde mich betrüben,
  Und alles Leiden dieser Zeit?
Ich weiß, daß ich von Anbeginn
In Christo auserwählet bin.

78. (283.)

Luc. 10, 42. „Eins ist noth."

Denk', o Mensch, an deinen Tod!
Säume nicht; denn: „Eins ist noth!"

Eins ist wohl zu überlegen
Hier in dieser Gnadenzeit:
Ob man auf den rechten Wegen
Gehe zu der Ewigkeit.

Willst du ewig selig sein,
Denk' o Mensch an dieses Ein'!
Wirst du hier dies Ein' verfehlen:
Wehe deiner armen Seelen!

„Eins ist noth!"
Das suchet doch
Weil es noch ist heute;
Werfet ab der Sünden Joch,
Werdet and're Leute!
Denn es ruft,
Der euch schuf,
Von den falschen Lehren
Zu ihm sich zu kehren.

79. (201.)

Luc. 11, 2. „Dein Wille geschehe!"

Was Gott thut, das ist wohlgethan,
Es bleibt gerecht sein Wille.

Mein Herz ist vergnüget
Mit dem, wie's Gott füget.

Mir genügt,
Wie Gott es fügt:
Sein Will' ist der beste.

Liebe Seele, halte stille,
Denke, daß es Gottes Wille.

Herz, weine nicht, und denke dran:
Was Gott thut, das ist wohlgethan.

Wohl thut dem Herzen wehe
Die schwere Prüfungszeit;
Doch, — Herr, dein Will' geschehe
In alle Ewigkeit!

Er hat noch niemals was verseh'n
In seinem Regiment;
Nein, was er thut und läßt gescheh'n
Das nimmt ein gutes End'.

O Mensch, gib deinen Eigenwillen
In Gottes Willen nur hinein,
So wird dein banges Herz sich stillen,
In Kreuz und Leid geduldig sein.

Es gehe mir auch, wie es will,
Durch Freud' und Schmerz: Mein Herz ist still,
Spricht nur: „O Vater in der Höhe!
Dein Will', dein Will' allein geschehe."

Glaub' nur feste,   Bleibt dein Wille
Daß das Beste   Nur fein stille,
Ueber dich beschlossen sei;   Wirst du alles Kummers frei.

So fahre wohl in Frieden!   Hier nur sind wir geschieden,
Des Herren Wille soll gescheh'n.   Dort folgt ein Wiederseh'n.

80.

Luc. 11, 28. „Selig sind, die das Wort Gottes hören und bewahren."

Die Gottes Wort
Stets fort und fort
Recht hören und bewahren,
Sind sel'ge Leut',
Die nach der Zeit
Zur ew'gen Freude fahren.

81.

Luc. 23, 43. „Wahrlich, ich sage dir, heute wirst du mit mir im Paradiese
sein."

Mein Glaube weiß und ist gewiß:
Jesus hat mir im Paradies
Die Stätte zubereitet.

Bin nun ewig abgeschieden
Von der Erde Last und Lust:
In des Paradieses Frieden
Ruhe ich an Jesu Brust.

Was dem Schächer er versprochen,
Hält er gern auch mir zu gut;
Denn was ich vor ihm verbrochen,
Ist gesühnt in seinem Blut.

Gedenk' an mich, du starker Streiter,
O, gib mir nur ein Schächertheil!
Nur jenen Trost, o Herr, nichts weiter,
In keinem andern ist ja Heil.

Nicht die Gnade, die Paulus empfangen, begehr' ich,
Noch die Huld, mit der du dem Petrus verziehen,
Die nur, die du am Kreuze dem Schächer gewährt hast,
    Die nur erfleh' ich.

82.

Luc. 23, 46. „Vater, ich befehle meinen Geist in deine Hände!"

Mein' Seel' an meinem letzten End'
Nimm du' o Herr, in deine Händ',
Den Leib im kühlen Kämmerlein
Laß' sanft ausschlafen all' Noth und Pein.

Wenn sich die Seel' vom Leibe trennt,
So nimm sie, Herr, in deine Händ';
Der Leib hab' in der Erd' sein' Ruh',
Bis naht der jüngste Tag herzu.

Wie mein Pilgerlauf auch ende:
Halten mich nur deine Hände,
O mein Heiland, wäscht dein Blut
Mich nur rein, ist alles gut,
Und der letzte Schmerzensschrei
Macht mich aller Leiden frei.

83.

Luc. 24, 5. „Was suchet ihr den Lebendigen bei den Todten?"

Mein Jesus hat durch seinen Tod
Das Leben mir erworben;
Mein Jesus lebt! drum hat's nicht noth,
Obschon der Leib erstorben.

Es lässet unser Glaube
Sein Aug' gen Himmel geh'n:
Was uns der Tod hier raube,
Soll herrlich aufersteh'n!

84. (446.)

Luc. 24, 84. „Der Herr ist auferstanden. Er ist wahrhaftig auferstanden!"

Er hat des Todes Macht
Zu nichte ganz gemacht.
Das Grab wird uns nun fein
Zum Ruhekämmerlein.

Die Sünde ist vergeben,
Die Sünde ist versöhnt,

Im Grab hat er gelassen
Die schwere Sündenlast,
Durch die ohn' alle Maaßen
Du Gott erzürnet hast.

Und unser ist das Leben,
Das uns der Heiland gönnt.

85.

Joh. 8, 5. „Wahrlich, wahrlich, ich sage dir, es sei denn, daß Jemand geboren werde aus dem Wasser und Geist, so kann er nicht in das Reich Gottes kommen."

Wer durch Christum neugeboren, Gehet ein zu gold'nen Thoren.

86.

Joh. 3, 16. „Also hat Gott die Welt geliebt, daß er seinen eingebornen Sohn gab, auf daß alle die an ihn glauben, nicht verloren werden, sondern das ewige Leben haben."

Gott Lob! Ich bin auch unten denen,
Die er im Sohn geliebet hat,
Der starb nach seinem Wohlgefallen
An aller und an meiner Statt.

87.

Joh. 3, 36. „Wer den Sohn hat, der hat das ewige Leben."

Wer als ein Jünger Christi lebt, Stirbt nicht, wenn man ihn gleich begräbt.

Warum sollt' ich mich denn grämen?
Hab' ich doch Christum noch,
Wer will mir den nehmen?

Wer will mir den Himmel rauben,
Den mir schon Gottes Sohn
Beigelegt im Glauben?

Wer recht geglaubt, ist wohl daran:
Hört's Leben auf, — dann geht's erst an!

Der beste Schatz, das höchste Gut
Ist Christi Werk, Verdienst und Blut;
Das bleibt, wenn alles schwindet.

Wenn einst der große Tag erwacht,
Wenn um mich her viel' Auferstand'ne beben,
So tret' ich froh aus Grabesnacht:
Ich bin ein Christ, ich werde ewig leben!

88. (215.)

Joh. 4, 50. „Der Mensch glaubte dem Wort, das Jesus sagte, und ging hin."

Ich glaub', was Jesu Wort verspricht,
Ich fühl' es oder fühl' es nicht.

89.

Joh. 5, 24. „Wahrlich, wahrlich, ich sage euch, wer mein Wort höret, und
glaubet dem, der mich gesandt hat, der hat das ewige Leben, und
kommt nicht in das Gericht, sondern er ist vom Tode zum Leben
hindurch gedrungen."

Ein fröhlich Urständ mir verleih',
Vorm jüngsten G'richt mein Fürsprech sei,
Und meiner Sünd' nicht mehr gedenk',
Aus Gnaden mir das Leben schenk',
Wie du hast zugesaget mir
In deinem Wort, das trau' ich dir.

„Fürwahr, fürwahr, euch sage ich:
Wer mein Wort hält, und glaubt an mich,
Der wird nicht kommen ins Gericht,
Auch den Tod ewig schmecken nicht;
Und ob er gleich hier zeitlich stirbt,
Mit nichten er drum gar verdirbt."

90.

Joh. 5, 25. „Wahrlich, wahrlich, ich sage euch, es kommt die Stunde, und
ist schon jetzt, daß die Todten werden die Stimme des Sohnes
Gottes hören; und die sie hören werden, die werden leben."

Nun ruhe sanft in stiller Gruft, Bis dich dein Jesus wieder ruft!
Wir folgen ihm indessen still Und leiden, wie sein Rath es will.

Die Seele ruht in Gott,
    Der Leib in dieser Erden;
Doch sollen sie gewiß
    Auf's Neu erwecket werden,

Wenn Christi großer Tag
    Mit Herrlichkeit anbricht
Und alle Finsterniß
    Verschlungen wird vom Licht.

91.

Joh. 6, 40. „Das ist aber der Wille deß', der mich gesandt hat, daß wer den
Sohn siehet, und glaubet an ihn, habe das ewige Leben; und ich
werde ihn auferwecken am jüngsten Tage."

Auf meine Gruft man schreibe:
Daß ich allhie verbleibe
    Nur eine kurze Zeit;
Bis Jesus wird erscheinen,
Mich und die lieben Meinen
    Erwecken zu der Herrlichkeit.

Wer sich zur Buße zu ihm kehrt,
Beständig an ihn gläubet,
    Dem wird zu Theil, was er begehrt,
    Des Himmelreich ihm bleibet;
Er wird nicht kommen ins Gericht,
Den ew'gen Tod auch schmecken nicht,
    Sondern ins Leben gehen.

92.

Joh. 8, 36. „So euch der Sohn frei macht, so seid ihr recht frei."

Strick ist entzwei, Und wir sind frei!

Er machte mich von Sünden frei, Daß ich sein Kind und Erbe sei.
Christi Leiden und Sterben Macht mich zu Gottes Erben.

In meines Herren Jesu Wunden
Hab' ich die rechte Freistatt funden:
Es ist vollbracht!

93.

Joh. 8, 51. „Wahrlich, wahrlich, ich sage euch, so Jemand mein Wort wird
halten, der wird den Tod nicht sehen ewiglich."

Tod und Grab kann mich nicht schrecken:
Christus wird mich auferwecken!

94.

Joh. 10, 27. f. „Meine Schafe hören meine Stimme, und ich kenne sie, und
sie folgen mir, und ich gebe ihnen das ewige Leben; und sie
werden nimmermehr umkommen, und niemand wird sie mir
aus meiner Hand reißen."

Herr, laß uns dir nur leben, Und geistlich aufersteh'n,
So dürfen wir ohn' Beben, Dem Tod entgegengeh'n.

Jesus, der für mich gestorben,
   Ruft mich früh ins Heimathland;
Seligkeit, die er erworben,
   Schenkt mir seine Gnadenhand.

Darum, all' ihr meine Lieben,
   Glaubet! Hemmt der Thränen Lauf:
Jesu Schäflein nimmt ja drüben
   Ew'ge Himmelswonne auf.

95.

Joh. 11, 25. f. „Ich bin die Auferstehung und das Leben. Wer an mich
glaubet, der wird leben, ob er gleich stürbe. Und wer da
lebet und glaubet an mich, der wird nimmermehr sterben."

Der aus dem Tod gebracht das Leben,
Der wird es auch den Seinen geben.

Christ ist erstanden von der Marter alle,
Deß' soll'n wir Alle froh sein, Christ will unser Trost sein.

So Jemand Christi Worten gläubt,
Im Tod und Grabe der nicht bleibt:
   Er lebt, ob er gleich stirbet.

Christ ist die Auferstehung und das Leben:
Die Auferstehung wird er geben.
Wer an ihn glaubt, das Leben wirbt,
Ob er gleich hie auch zeitlich stirbt.

Was ist's denn, daß wir klagen, Als gäb's kein Aufersteh'n,
Und nicht vielmehr uns sagen Vom ew'gen Wiederseh'n?

Weil du vom Tod erstanden bist,
   Werd' ich im Grab nicht bleiben;
Mein höchster Trost dein' Auffahrt ist; ·
   Tod'sfrucht kann sie vertreiben.
Denn wo du bist, da komm' ich hin,
Daß ich stets bei dir leb' und bin,
   Drum fahr' ich hin mit Freuden.

„Wer an mich glaubt, der wird nicht sterben,“
So ruft mir Jesu Stimme zu
Drum legt den Leib nur hin zur Ruh',
Die Seele kann auch nicht verderben.
Ich glaube, was mein Heiland spricht.
Glaubt ihr es auch, und zaget nicht!

Der Tod hat keine Kraft nicht mehr,
Ihr dürfet ihn nicht scheuen,
Ich bin sein Sieg'sfürst und sein Herr,
Deß' sollt ihr euch erfreuen.
Dazu so bin ich euer Haupt,
Drum werdet ihr, wenn ihr mir glaubt,
Als Glieder mit mir leben.

Ich habe g'nug! Mein Jesus lebet noch,
(Der mich vergnügen kann;
Er hat den Zorn des Vaters ausgesöhnet
Und für mich g'nug gethan;)
Kann er im Tode nicht verderben,
So werd' ich auch nicht ewig sterben.
Ich habe g'nug!

O Lebensfürst! ich weiß du wirst Auch mich einst auferwecken.
Sollte denn mein gläubig Herz Vor der Gruft erschrecken?!

Gar nichts verdirbt, der Leib nur stirbt,
Doch wird er auferstehen,
Und in ganz verklärter Zier Aus dem Grabe gehen.
(Siehe auch Luther's Vers: Einleitung, S. 8.)

96.

Joh. 11, 40. „Habe ich dir nicht gesagt, so du glauben würdest, du solltest die Herrlichkeit Gottes sehen?“

Durch des Vaters Gnad' und Hut, Durch des Sohnes Fleisch und Blut,
Durch des Geistes Licht und Gluth: Hab' ich ew'ges Erbgut!

97.

Joh. 12, 24. „Wahrlich, wahrlich ich sage euch, es sei denn, daß das Weizenkorn in die Erde falle, und ersterbe, so bleibt's alleine; wo es aber erstirbt, so bringt's viel Früchte.“

Darum werden wir zu Erben,
Daß wir sollen himmlisch werden.

Ein Weizenkörnlein in der Erd'
Liegt erst ganz todt, dürr und unwerth,
Doch kömmt's herfür gar fein und zart,
Und bringt viel Frucht nach seiner Art.
Darum werden wir zu Erben,
Daß wir sollen himmlisch werden.

Man gräbt den Leib in seine Gruft,
Bis ihn einst Christi Stimme ruft.
Wir säen ihn, einst blüht er auf
Und steigt verklärt zu Gott hinauf.

98.

Joh. 12, 36. „Gläubet an das Licht, dieweil ihr's habet, auf daß ihr des
Lichtes Kinder seid."

Wie selig die Ruhe bei Jesu im Licht:
Tod, Sünde und Schmerzen, die kennt man dort nicht!

99.

Joh. 13, 1. „Wie er hatte geliebt die Seinen, so liebte er sie bis an's Ende."

Jesu, du liebst bis an's Ende die Deinen,
Ach, so berathe auch mich und die Meinen!

Unser Jesus liebt die Seinen, Bis an's Ende liebt er sie.
Theure, faßt dies auch im Weinen: Euer Trostgrund liegt allhie.

100. (205.)

Joh. 13, 7. „Was ich thue, das weißt du jetzt nicht, du wirst es aber hernach
erfahren "

Dann werd' ich das im Licht erkennen,
Was ich auf Erden dunkel sah,
Das wunderbar und heilig nennen,
Was unerforschlich hier geschah;
Dann sieht mein Geist mit Preis und Dank
Die Schickung im Zusammenhang.

Fürwahr, o Gott, du bist verborgen,
Mit Dunkel ist dein Gang erfüllt;
Einst kommt jedoch ein sel'ger Morgen,
Der deine Wege uns enthüllt.

Dann werden wir's im Licht erkennen,
Dann wird uns alles sonnenklar,
Dann wird der Herr den Grund uns nennen,
Der seines Handelns Ursach war.

101. (449.)

Joh. 14, 2. „In meines Vaters Hause sind viele Wohnungen."

Im Himmel ist mein Vaterhaus:
Da geh' ich ein und niemals aus.

Dort oben ist des Vaters Haus;
Er theilt zum Gnadenlohne
Den Ueberwindern Kronen aus. —
Kämpf' auch um Ruh' und Krone!

Im Himmel ist gut wohnen,
Wo mit dem Ehrenkleid
Mein Jesus wird belohnen
Der Frommen Herzeleid.

Da glänzt der Leib und funkelt
Gleichwie ein Edelstein;
Das Licht wird nicht verdunkelt:
Im Himmel ist gut sein!

102.

Joh. 14, 6. „Ich bin der Weg, die Wahrheit und das Leben; Niemand kommt zum Vater, denn durch mich."

Der Mensch ist nichts, nur Gott allein
Muß bei uns alles in allem sein.

Wer seine Hoffnung auf Christum richt't,
Der wird ewig verlassen nicht;
Laß fahren das Zeitliche ganz und gar,
Und nimm des ewigen Lebens wahr.

103. (452.)

Joh. 14, 19. „Ich lebe, und ihr sollt auch leben."

Ich bin getrost und unverzagt,
Weil du den Deinen zugesagt:
„Ich leb' und ihr sollt leben."

Will mich der grimme Tod Gleich aus der Welt vertreiben:
Mein Jesus lebt, und ich Werd' unverändert bleiben.

Mein Heiland hat einst triumphiert,
Da er vom Grabe ist auferstanden;
Drum meinen Staub die Hoffnung ziert:
Er wird einst erstehen aus Grabes Banden.

Des Todes Macht ist nun dahin,
Und keinen Schaden bringet
Dem der sich stets mit Herz und Sinn

Zu diesem Fürsten schwinget,
Der fröhlich spricht: Ich leb', und ihr
Sollt mit mir leben für und für,
Weil ich es euch erworben.

Wenn du an jenem Tag
Die Todten wirst aufwecken,
So thu' auch deine Hand
Zu meinem Grab ausstrecken:

Laß hören deine Stimm',
Und meinen Leib weck' auf,
Und führ' ihn schön verklärt
Zum auserwählten Hauf'.

104.

Joh. 14, 27. „Den Frieden lasse ich euch; meinen Frieden gebe ich euch. Nicht gebe ich euch, wie die Welt giebt."

Meinen Frieden will ich geben,
Wie die Welt giebt, geb' ich nicht.
Sieh', ich leb', und du sollst leben,

Und sollst steh'n in meinem Licht.
Sieh', den Frieden lass' ich dir,
Meinen Frieden geb' ich dir.

105.

Joh. 15, 4. „Bleibet in mir, und ich in euch!"

In dir, Jesu, nur allein,
In dir kann ich selig sein.

106.

Joh. 15, 5. „Ich bin der Weinstock, ihr seid die Reben. Wer in mir bleibet, und ich in ihm, der bringet viel Frucht.“

Dein Jesus ruft dir zu: „Ich lebe; Ich bin der Weinstock, du die Rebe.“
Wo Christus ist, da komm' ich hin, Weil ich wahrhaftig in ihm bin.

107.

Joh. 16, 22. „Ich will euch wiedersehen, und euer Herz soll sich freuen, und eure Freude soll Niemand von euch nehmen.“

Ewig, ewig werden wir In dem Paradies allhier
Mit einander jubiliren Und ein eng'lisch Leben führen.

Jenseits hinter Grab und Tod Strahlt des Lebens Morgenroth.

    Mein Leib schläft hier im Ruhebette,
    Die Seel' ist bei Gott freudenvoll;
    Drum wenn ihr kommt an diese Stätte,
    So weinet nicht, denn mir ist wohl!

108.

Joh. 19, 9. „Selig sind, die zu dem Abendmahl des Lammes berufen sind.“

Auf Jesum will ich fröhlich sterben; So geh' ich ein zur Seligkeit,
Ich will des Glaubens Hochzeitskleid Und zu dem großen Abendmahl,
Nur in des Lammes Blute färben, O freudenvolle Gnadenmahl!

109.

Act. 2, 26. „Auch mein Fleisch wird ruhen in der Hoffnung.“

Christ hat des Todes Macht Zu nichte ganz gemacht.
Das Grab wird uns nun fein Zum Ruhekämmerlein.

Der Sarg und Grab drum wird geziert, Ruht sanft ihr müden Glieder,
Der Leib ehrlich begraben wird, Im kühlen Schooß der Erden;
Daß wir glauben, er sei nicht todt, Bald weckt euch Jesus wieder,
Sondern schlaf' und ruh' sanft in Gott. Mit ihm verklärt zu werden.

Was tröstet uns? Das Hoffen; Wie gut ist's, Christi sein!
Man sieht den Himmel offen, Und nicht das Grab allein.

110. (437.)

Act. 7, 58. „Herr Jesu, nimm meinen Geist auf!“

Herr Jesu Christ, die Seele mein Befehl' ich in die Hände dein.

O Tod! was willst du schrecken? Hin in den Schooß der Erden;
Mein Jesus will mich wecken, Ich soll lebendig werden,
Wenn du mich hast gelegt Wenn sich des Herren Geist erregt.

111. (388.)

Act. 14, 22. „Wir müssen durch viel Trübsal in's Reich Gottes eingehen."

Durch Noth und Tod Hinauf zu Gott!
Durch Spott und Hohn Zur Ehrenkron'!
Durch Traurigkeit Zur wahren Freud'!
Durch Angst und Qual Zum Sternensaal!
Durch Kreuz und Pein Zum Himmel ein!

Gott führet wunderlich: Durch Thränen zum Gewinn,
Durch Demuth zum Erheben, Ja, durch den Tod zum Leben
Und in den Himmel hin.

Hier durch Spott und Hohn,
Dort die Ehrenkron',
Hier im Hoffen und im Glauben,
Dort im Haben und im Schauen;
Denn die Ehrenkron'
Folgt auf Spott und Hohn.

112.

Act. 24, 15. „Ich habe die Hoffnung zu Gott, daß zukünftig sei die Auferstehung der Todten."

Ohn' jegliche Beschwerde Schläft hier der Leib von Erde.

In sanfter stiller Ruh'
Bald wird der Herr erscheinen,
Dann führt er mit den Seinen
Auch dich der sel'gen Heimath zu.

113.

Röm. 1, 17. „Der Gerechte wird seines Glaubens leben."

Auf Menschenhilfe bauen, Ist einem Schatten trauen;
Die wahre Hilfe kommt allein Von Gott, der wird dein Helfer sein.

114.

Röm. 5, 2. „Durch unsern Herrn Jesum Christ rühmen wir uns der zukünftigen Herrlichkeit, die Gott geben soll."

Ein Herz von Lieb und Glauben voll Weiß, was es hoffen darf und soll.

Durch Jesu Auferstehen Werd' ich ins Leben gehen,
Da Aug' und Herze schauet, Worauf der Glaube bauet.

115.

Röm. 5, 16. „So wir Gott versöhnet sind durch den Tod seines Sohnes,
da wir noch Feinde waren; vielmehr werden wir selig werden
durch sein Leben, so wir nun versöhnet sind."

Wie uns nun hat ein' fremde Schuld
In Adam all' verhöhnet,
Also hat uns ein' fremde Huld
In Christo all' versöhnet.

So er uns denn sein'n Sohn hat g'schenkt,
Da wir sein' Feind' noch waren,
Der für uns ist ans Kreuz gehängt,
Getödt't, gen Himmel g'fahren,
Dadurch wir sein Vom Tod und Pein
Erlöst, so wir vertrauen In diesen Hort,
Des Vaters Wort: Wem sollt' fürm Sterben grauen?

116.

Röm. 6, 23. „Der Tod ist der Sünde Sold, aber die Gabe Gottes ist das
ewige Leben in Christo Jesu, unserm Herrn."

Was ich verschuldet habe, Liegt all's in Christi Grabe.

Gott hat mir seinen Sohn geschenkt
Und für mich in den Tod gesenkt,
Wie sollt' er — laßt uns denken —
Mit ihm nicht alles schenken?

Auch dich hat Gottes Sohn erlöst,
Deß freue dich und glaub' es fest,
So wirst du selig werden.

117.

Röm. 8, 10. „Derselbige, der Christum von den Todten auferwecket hat, wird
auch eure sterblichen Leiber lebendig machen, um deswillen, daß
sein Geist in euch wohnet."

Der Tod der Christen ist kein Tod, Nur Uebergang ins volle Leben.

118.

Röm. 8, 16. „Der Geist gibt Zeugniß unserm Geist, daß wir Gottes Kinder
sind."

119.

Röm. 8, 17. „Sind wir denn Kinder, so sind wir auch Erben, nämlich Gottes
Erben und Miterben Christi."

Nun, weil Kinder Erben sind, Erb' ich auch als Gottes Kind.

Das nur sei meine Ehre, Mein Reichthum, mein Gewinn,
Daß ich hinauf gehöre Und dort ein Erbe bin.

120. (389.)

Röm. 8, 18. „Denn ich halte es dafür, daß dieser Zeit Leiden der Herrlichkeit
nicht werth sei, die an uns soll offenbaret werden."

Wohlauf, mein Herz! Wenn Kreuz und Schmerz
Die Kraft droht zu erlahmen
Hier kurze Zeit: In Ewigkeit
Tönt lauter Jubel. Amen.

121. (453.)

Röm. 8, 28. „Wir wissen aber, daß denen, die Gott lieben, alle Dinge zum Besten dienen."

Was Gott thut, das ist wohlgethan, O wohl dem, der es glauben kann!

Was unser treue Heiland thut, Geschieht uns allen stets zu gut.

Mein Heiland meint es immer gut,   Trifft dich ein Schmerz, so halte still
Wenn mir das Kreuz auch wehe thut; Und frage, was Gott von dir will:
Er will ja doch mein Bestes nur,   Des Vaters Liebe sendet keinen
Daß ich soll folgen seiner Spur.   Bloß darum, daß du solltest weinen.

Gott, der sich selbst die Liebe nennet, Thut alles liebreich, was er thut.
Auch da, wo er die Herzen trennet, Meint es sein Vaterherze gut.
Was Gott thut, das ist wohlgethan! O wohl dem, der es glauben kann.

122.

Röm. 8, 37. „Aber in dem allen überwinden wir weit um deswillen, der uns geliebet hat."

Nun hab' ich überwunden Kreuz, Leiden, Angst und Noth,
Durch Christi heil'ge Wunden Bin ich versöhnt mit Gott.

So lang es Gott gefällt, Daß seine Kinder
Hier wallen auf der Welt, So sind sie Sünder.
Allein Immanuel Voll Heil und Gnaden
Läßt einer gläub'gen Seel' Kein Elend schaden.

Du bist nicht mehr ein Kranker,   Der Glaube war dein Segel,
Gepreßt von Angst und Weh,   Die Hoffnung dein Magnet,
Der seinen Hoffnungsanker   Die Liebe deine Regel,
Wirft in die dunkle See;   Dein Ruder das Gebet.
Du bist nun ein Gesunder,   Und in des Schiffleins Mitte
Deff' Schiff den Sturm besiegt,   Stand Christi Kreuz als Mast,
Und durch ein selig Wunder   Den du mit Lob und Bitte
Im Heimathsporte liegt.   In jedem Sturm umfaßt.

„Gott Lob!" ist Christen-Grabgesang — Ich bin nun heimgekommen.
Auf Erden war mir oftmals bang; Nun jauchz' ich mit den Frommen,
Und singe meinem Herrn zu Ehr'n, Dem treuen Jesu, meinem Herrn,
Der mich auch losgekaufet.

123.

Röm. 10, 4. „Christus ist des Gesetzes Ende; wer an den glaubet, der ist gerecht."

Christ die Gerechtigkeit, Die vor Gott gilt allezeit:
Wer dieselb' ergreift im Glauben, Dem kann nichts den Himmel rauben.

Durch Christi kräftig's Verdienst allein
Sind wir vor Gott gerecht und rein,
Und gehen zu dem Himmel ein.

124.

Röm. 12, 12. „Seid fröhlich in Hoffnung, geduldig in Trübsal, haltet an
am Gebet.“

Ihr Christen gut, Habt frischen Muth!
Den Raub hab'n wir bekommen:
Gerechtigkeit ist uns're Beut',
Wir sind der Furcht entnommen.

Seid getrost und hocherfreut, Jesus trägt euch, meine Glieder,
Gebt nicht Raum der Traurigkeit: Sterbt ihr, Christus ruft euch wieder,
Wenn die letzt' Trompet' erklingt, Die auch durch die Gräber bringt.

125.

Röm. 14, 8. „Leben wir, so leben wir dem Herrn; sterben wir, so sterben wir
dem Herrn. Darum, wir leben oder sterben, so sind wir des
Herrn.“

Wir sind des Herrn, wir leben oder sterben,
Wir sind des Herrn, der einst für alle starb,
Wir sind des Herrn und werden alles erben!
Wir sind des Herrn, der alles uns erwarb.

Das ist des Lebens rechter Brauch, Wenn man dem Herren lebt:
Gläubig von früher Jugend auf Nur nach dem Himmel strebt.
Kommt dann des Todes schwere Pein, Gleichviel, ob früh, ob spat,
So geht es doch zum Himmel ein, Zur sel'gen Gottesstadt.

126.

1 Cor. 2, 9. „Das kein Auge gesehen, und kein Ohr gehöret hat und in keines
Menschen Herz gekommen ist, das hat Gott bereitet denen, die
ihn lieben.“

Da wird Schwachheit und Verdruß Liegen unter unserm Fuß.

Wen Gott versorgt und liebet, Wird nimmermehr betrübet.

Gründlich läßt sich nicht erreichen Noch vergleichen
Der Welt Schätzen, Was uns hier jetzt thut ergötzen.

Was hier kein Auge jemals sah, Kein Menschenohr gehört,
Erquicket uns nun ewig da, Wo Glaub' ins Schau'n sich kehrt.

Was nie ein Ohr vernahm, In Aug' und Herz nicht kam:
Sel'ge Wonne — Ist uns bereit't in Ewigkeit,
Nach wohlvollbrachtem Erdenstreit.

Was noch kein Auge je geseh'n, Was noch kein Ohr vernommen,
Was noch in keines Menschen Herz Und Sinne je gekommen:
Des Himmels höchste Seligkeit, Hält seinen Kindern Gott bereit.

Kein Ohr hat jemals dies gehört,
Kein Mensch gesehen noch gelehrt,
Es läßt sich nicht beschreiben,
Was denen dort für Herrlichkeit
Bei dir und von dir ist bereit,
Die in der Liebe bleiben.

Ewig wird das Erbe sein
Derer, die an Christum glauben,
Und ohn' allen Heuchelschein
Treu in seiner Liebe bleiben.
Für das Leiden dieser Zeit
Krönet sie die Ewigkeit.

127.

1 Cor. 7, 31. „Das Wesen dieser Welt vergehet.“

Was frag' ich nun nach jener Welt?
Mein Jesulein mich küßt und hält.

Wand'rer, bleib' am Grabe steh'n:
Lern' hier, was eitel ist, verschmäh'n;
Trachte nach dem, was droben ist,
Daß dir 's nicht fehl' in Todesfrist.

Ob du jetzund auch Dieser Welt gebrauchst,
Brauch' sie nur zur Noth, Nicht der Seel' zum Schaden;
Außer Gottes Gnaden Bleibt dir nichts im Tod'.

128.

1 Cor. 9, 24. „Laufet also, daß ihr das Kleinod ergreifet.“

Wer auch läuft, und läuft zu schlecht, Der verliert sein Kronenrecht.

129.

1 Cor. 13, 12. „Wir sehen jetzt durch einen Spiegel in einem dunklen Wort,
dann aber von Angesicht zu Angesichte.“

Jetzt im Räthsel, jetzt im dunklen Spiegel:
Einst erscheinet uns der Wahrheit Siegel
Wirklich Angesicht zu Angesicht.

Was sollen wir nun weinen Und gar so traurig seh'n?
Wir kennen ja den Einen, Mit dem wir alle geh'n
In Einer Hut und Pflege, Geführt von Einer Hand
Auf Einem sich'ren Wege Ins Eine Vaterland.

130.

1 Cor. 13, 13. „Nun aber bleibet Glaube, Hoffnung, Liebe, diese drei; aber
die Liebe ist die größeste unter ihnen.“

Liebe bleibt, wann Glaub' wird Schau'n,
Hoffnung wird Erfüllung:
Herr, hilf deiner Lieb' uns trau'n
Bis zur Herzensstillung.

131. (447.)

1 Cor. 15, 20. „Nun aber ist Christus auferstanden von den Todten, und
der Erstling worden unter denen, die da schlafen.“

Weil Christus auferstanden ist, Werd' ich im Grab' nicht bleiben.

Zu scheiden von der Erden Hat mir mein Jesus leicht gemacht.
Nach mancherlei Beschwerden Ist hier mein Leib' zur Ruh' gebracht:
Nun schläft er sanft in stiller Gruft, Bis ihn der Herr zum Leben ruft.

132.

1 Cor. 15, 42. „Es wird gesäet verweslich, und wird auferstehen unverweslich.“

133.

1 Cor. 15, 43. „Es wird gesäet in Unehre, und wird auferstehen in Herrlichkeit; es wird gesäet in Schwachheit, und wird auferstehen in Kraft.“

134.

1 Cor. 15, 44. „Es wird gesäet ein natürlicher Leib, und wird auferstehen ein geistlicher Leib.“

Irdisch ward ich ausgesäet, Himmlisch werd' ich auferstehen.

Hier geh' ich natürlich ein, Nachmals werd' ich geistlich sein.

Dem Verwelklichen entnommen, Bist zum ew'gen Lenz du kommen.

Was wir in Schwachheit säen, Das wird in Herrlichkeit
Auf dein Wort auferstehen. Das ist's, was uns erfreut.

Aufersteh'n, ja, aufersteh'n wirst du,
Mein Leib, nach kurzer Ruh'.
Unsterblich Leben Wird, der dich schuf, dir geben.
Gelobt sei Gott!

Wieder aufzublüh'n werd' ich gesäet;
Der Herr der Ernte geht
Und sammelt Garben Uns ein, die wir hier starben.
Gelobt sei Er!

Mit Thränen senkten wir dich ein In deines Grabes Nacht,
Wie jubelnd werden wir uns freu'n Wenn Christi Tag erwacht;
Wenn, was verweslich wird gesä't, In Unverweslichkeit,
In Kraft und Hoheit aufersteht, Zu ew'ger Wonn' und Freud'!

Was hier kranket, seufzt und fleht, Wird dort groß und herrlich gehen;
Irdisch werd' ich ausgesät, Himmlisch werd' ich auferstehen;
Hier geh' ich natürlich ein, Nachmals werd' ich geistlich sein.

135.

1 Cor. 15, 53. „Dies Verwesliche muß anziehen das Unverwesliche, und dies Sterbliche wird anziehen die Unsterblichkeit.“

Dies ist die Saat von Gott gesät, Der Staub, der einstens aufersteht;
Verweslich ward' er ausgestreut Und keimt nun zur Unsterblichkeit.

Hier werd' ich vom Tod gemäht, Dort werd' ich den Tod nicht sehen;
Irdisch werd' ich ausgesät, Himmlisch werd' ich aufersteh'n;
Zur Verwesung geh' ich ein, Um unsterblich dort zu sein.

136. (448.)

1 Cor. 15, 55. „Der Tod ist verschlungen in den Sieg. Tod, wo ist dein Stachel? Hölle, wo ist dein Sieg?“

137. (448.)

1 Cor. 15, 57. „Gott aber sei Dank, der uns den Sieg gegeben hat durch unsern Herrn Jesum Christum."

Es war ein wunderlicher Krieg,
　Da Tod und Leben rungen;
Das Leben, das behielt den Sieg:
　Es hat den Tod verschlungen.

Sei mir willkommen, Tod,
　Kannst nicht mehr bitter schmecken,
Weil der erstand'ne Christ
　Die Christen wird aufwecken.

Ja, die Todten zu dem Leben
　Rufe, Herr, du Lebenshort;
Neues Leben woll'st du geben,
　Ja, dein Leben hier und dort!

O Tod, wo ist dein Stachel nun,
　Wo ist dein Sieg, o Hölle?
Was kann uns nun der Teufel thun,
　Wie grausam er sich stelle?
Gott sei gedankt, der uns den Sieg,
So herrlich hat nach diesem Krieg
　Durch Jesum Christ gegeben!

O Tod, du warst ein Feind
　Und bist ein Freund nun worden,
Ein lieber, werther Freund
　Dem ganzen Christenorden;
Seitdem dich Jesus hat
　Zu seiner Beut' gemacht,
Erschreckst du nur die Welt,
　Von uns wirst du verlacht.

Mein Heiland hat den Tod besiegt,
　Den Himmel aufgethan.
Was mir nun auch am Grabe liegt!
　'S ist meine Himmelsbahn.

Tod, dein Stachel ist verschwunden,
　Licht durchstrahlt die finstre Gruft,
Denn der Herr hat überwunden,
　Drum er uns zum Leben ruft.

Lobt Gott, ihr Todten! Jesus Christ
　Weckt euch zum neuen Leben;
Nun er den Tod für euch gebüßt,
　Will er euch Ew'ges geben.

Nun Gott sei Dank, der uns den Sieg
　Durch Jesum hat gegeben,
Und uns den Frieden für den Krieg,
Und für den Tod das Leben
Erworben, der die Sünd' und Tod,
Welt, Teufel, Höll' und was in Noth
　Uns stürzet, überwunden.

O Tod, einst bitt'rer Tod! —
　Ein Dankpsalm sei gesungen
Dem treuen Lebensfürst,
　Dem Held, der dich bezwungen,
Der dein Gebiß zermalt,
　Dein dreifach Schlangenhaupt
Für jeden trat in'n Koth,
　Der Fest an Jesum glaubt.

138.

2 Cor. 5, 1. „Wir wissen aber, so unser irdisch Haus dieser Hütte zerbrochen wird, daß wir einen Bau haben von Gott erbauet, ein Haus, nicht mit Händen gemacht, das ewig ist, im Himmel "

Zerbrochen ist die ird'sche Hütte,
　Die gläubig ich bisher bewohnt.
Durch meines Gottes Gnad' und Güte
　Wohn' ich nunmehr, wo Jesus thront.

Der Himmel ist mir Heimath worden,
　Dem Glauben folgte sel'ges Schau'n;
Ich fand auch liebe Sel'ge dorten,
　Womit ich einst durft' Hütten bau'n.

139.

2 Cor. 5, 4. „Das Sterbliche wird verschlungen von dem Leben."

Fahr' hin, o Angst und Schmerzen, Fahr' immer, immer hin!
Ich freue mich von Herzen, Daß ich erlöset bin.

Ich leb in tausend Freuden In meines Schöpfers Hand;
Da trifft und rührt kein Leiden, So dieser Welt bekannt.

Fahr' hin, o liebe Seele,   Wann wird doch angelangen
Genieß' der süßen Lust!   Des lieben Tages Schein,
Uns in der Trauerhöhle   Da du uns wirst umfangen? —
Ist nichts hiervon bewußt.   O, möcht' es heute sein!

140.

2 Cor. 5, 10. „Wir müssen alle offenbar werden vor dem Richtstuhl Christi."

Am jüngsten Tag wird offenbar, Wer hier ein gläub'ger Pilger war.

141.

2 Cor. 6, 10. „Als die Traurigen, aber allezeit fröhlich!"

Uns ist noch wohl in Schmerzen, Im Trauern sind wir froh;
So ist's uns um die Herzen: Die Gnade macht uns so.

142.

2 Cor. 10, 17. „Wer sich aber rühmet, der rühme sich des Herrn."

Wer sich und Jesum recht erkennt, Hat alle Schätz', und selig's End'.
(Siehe auch zu Jer. 9, 24., Seite 24.)

143. (391.)

2 Cor. 12, 9. „Laß dir an meiner Gnade genügen; denn meine Kraft ist in
den Schwachen mächtig."

Wer ohne Gott sich will bedenken, Und sich mit vielen Sorgen kränken,
Der wird damit nicht mehr erwerben, Als kränken sich und traurig sterben.

144.

Gal. 4, 7. „Sind's aber Kinder, so sind's auch Erben Gottes durch Christum."

Was verheißen, bleibt meine Beute: Auferstehung, Leben, Seligkeit.

Mein Jesus hat mir Ruh' verschafft Durch seine Todesschmerzen;
Und seiner Auferstehung Kraft Gab Freude meinem Herzen.

145.

Gal. 6, 7. f. „Was der Mensch säet, das wird er ernten. Wer auf sein
Fleisch säet, der wird vom Fleisch das Verderben ernten; wer
aber auf den Geist säet, der wird von dem Geist das ewige
Leben ernten."

Hin geht die Zeit, her kommt der Tod,
O, Mensch, thu' recht, und fürchte Gott!

Schnell verschwindet unf're Lebenszeit, Auf's Sterben folgt die Ewigkeit:
Wie man die Zeit hier angewandt, So folgt der Lohn aus Gottes Hand.

146.

Gal. 6, 14. „Es sei aber ferne von mir rühmen, denn allein von dem Kreuz unsers Herrn Jesu Christi. durch welchen mir die Welt gekreuzigt ist, und ich der Welt."

Wollt ihr wissen, was mein Preis? Wollt ihr lernen, was ich weiß?
Wollt ihr seh'n mein Eigenthum? Wollt ihr hören, was mein Ruhm?
Jesus, der Gekreuzigte!

Es sei ferne von mir rühmen,　　　Sind mein schönster Ehrenruhm,
Ohn' von Christi Kreuz allein:　　Meines Glaubens Eigenthum,
Seine Wunden, seine Striemen,　　Meine Krone, die mich schmücket,
Seine Dornen, seine Pein　　　　Und mein Trost, der mich erquicket.

147.

Eph. 1, 4. „Gott hat uns durch Christum erwählet, ehe der Welt Grund gelegt war."

Kein Teufel soll den Trost mir rauben,
Daß ich erwählt von Anbeginn,
Daß ich aus Gnaden durch den Glauben
An Christi Blut erlöset bin.
So leb' ich denn und sterbe drauf.
Auf Christum schließ' ich meinen Lauf.

148. (309.)

Phil. 1, 21. „Christus ist mein Leben, und Sterben ist mein Gewinn."

Christus, der ist mein Leben, Sterben ist mein Gewinn,
Dem thu' ich mich ergeben: Mit Freud' fahr' ich dahin.

Mit Freud' fahr' ich von dannen Zu Christ, dem Bruder mein,
Daß ich mög' zu ihm kommen Und ewig bei ihm sein.

Nun hab' ich überwunden Kreuz, Leiden, Angst und Noth,
Durch sein heilig' fünf Wunden Bin ich versöhnt mit Gott.

Tod und Grab, nimm alles hin! Sterben ist nun mein Gewinn.

Sein Tod erwirbt das Leben mir, Und tödtet meinen Tod in mir.

Dein Tod die Macht dem meinen raubt:
Der stirbt nicht, der an Jesum glaubt.

Niemand mein'n Tod beweinen soll: Ich leb' in Gott, und mir ist wohl!

Wo Jesus ist, da komm ich hin,　　Mit Fried' und Freud' fahr' ich dahin,
Daß ich stets bei ihm leb' und bin,　Wo ich so froh und selig bin:
Drum fahr' ich hin mit Freuden.　　Der zeitlich' Tod ist mein Gewinn.

Jesu, ich bin dein Eigenthum, Durch dich des Himmels Erbe.
Das sei mein Heil und ew'ger Ruhm, Worauf ich leb' und sterbe.

Weil ich durch Christ erlöset bin, So ist nun Sterben mein Gewinn.

Jesus ist für mich gestorben, Hat mir ew'ges Heil erworben,
Darum ist Sterben mein Gewinn: Mit Fried' und Freud' fahr' ich dahin!

Das war mein einz'ger Trost im Leben Und macht mir Sterben zum Gewinn,
Daß ich dir, Jesu übergeben, Und ganz und gar dein eigen bin.

Er lebte Christo, seinem Herrn; Der rief ihn, und er folgte gern.
Nun geht für ihn das Leben an, Da ihn kein Tod mehr tödten kann.

149. (290.)

Phil. 1, 23. „Ich habe Lust abzuscheiden, und bei Christo zu sein."

Ach, wer wollte denn nicht gerne sterben,
Und durch Ihn das ew'ge Leben erben?!

Ich hab' Lust abzuscheiden; denn Sünd' und Eitelkeiten
Beschweren hier doch nur das Herz.
Da du bist hingegangen, Herr Jesu, mein Verlangen,
Da will ich hin! Ich sehn' mich himmelwärts.

150.

Phil. 2, 12. „Schaffet, daß ihr selig werdet, mit Furcht und Zittern."

Jesu, laß mich ja nicht fallen, Halte mich in deiner Hand,
Laß beständig mich in Allem An dir bleiben unverwandt.
Laß mich alle Angst und Noth,
Alle Furcht, ja, selbst den Tod
Durch dich fröhlich überwinden,
Und des Glaubens Ende finden.

151. (Anh. 3, No. 8.)

Phil. 3, 8. „Ich achte alles für Schaden gegen der überschwänglichen
Erkenntniß Christi Jesu, meines Herrn"

Alles andre ist nur Schade, Nur dies Eine ist Gewinn:
Wenn ich Jesum kenn' durch Gnade, Und von ihm erkennet bin.

Menschen größter Titel ist, Wenn man heißt und ist ein Christ;
Und ein Christ von Gottes Gnaden Achtet eitlen Ruhm für Schaden.

152.

Phil. 3, 20. f. „Unser Wandel aber ist im Himmel, von dannen wir auch
warten unsers Heilandes Jesu Christ, des Herrn, welcher
unsern nichtigen Leib verklären wird, daß er ähnlich werde
seinem verklärten Leibe, nach der Wirkung, durch welche er
kann auch alle Dinge ihm unterthänig machen."

Zeuch unser Herz dem Himmel zu,
Daß unser Wandel, Schatz und Ruh'
Nur sei bei dir dort oben.

Wir geh'n in's Ew'ge ein: Mit Gott muß unser Handel,
Im Himmel unser Wandel Und Herz und Alles sein.

Aller Gläub'gen Sammelplatz Ist da, wo ihr Herz und Schatz,
Wo ihr liebster Jesus Christ Und ihr Herze hier schon ist.

Erheb', o Seele, deinen Sinn! Was hängst du an der Erden?
Hinauf, hinauf zum Himmel hin; denn du mußt himmlisch werden.

Nimm den entseelten Leib, o Gruft, Bis ihn einst Jesus Christus ruft;
Bis Er, was nun der Tod zerstört, Einst neu belebet und verklärt.

Er wischt die Thränen ab;
Er hebt und träget,
Bis daß man uns in's Grab
Zur Ruhe leget,
Und läßt das Sterbgebein
Auch in der Erden
Noch voller Hoffnung sein
Ihm gleich zu werden.

Wir wandeln eingekehret,
Veracht't und unbekannt;
Man siehet, kennt und höret
Uns kaum im fremden Land;
Und höret man uns ja,
So höret man uns singen
Von jenen großen Dingen,
Die auf uns warten da.

153. (310.)

Col. 3, 2. „Trachtet nach dem, das droben ist, und nicht nach dem, das auf Erden ist."

Wand'rer bleib' am Grabe steh'n: Lern' hier, was eitel ist, verschmäh'n;
Trachte nach dem, was droben ist, Daß dir's nicht fehl' in Todesfrist.

Schwinge dein Gemüth und Herz Himmelwärts,
Wo nicht Tod, nicht Noth, noch Leiden,
Denk' an das, was ewig ist, Lieber Christ!
An die sel'gen Himmelsfreuden.

154.

Col. 3, 3. 4. „Ihr seid gestorben, und euer Leben ist verborgen mit Christo in Gott. Wenn aber Christus, euer Leben, sich offenbaren wird, dann werdet ihr auch offenbar werden mit ihm in der Herrlichkeit."

Sein Leben war verborgen mit Christo in Gott.

Die mit Christo schlafen geh'n, Werden mit ihm aufersteh'n.

155. (347.)

Col. 3, 11. „Alles und in allem Christus."

Suche Jesum und sein Licht, Alles and're hilft dir nicht.

Der Grund, da ich mich gründe, Ist Christus und sein Blut;
Das machet, daß ich finde Das ewig wahre Gut.

An mir und meinem Leben Ist nichts auf dieser Erd',
Was Christus mir gegeben, Das ist der Liebe werth.

Wie soll's werden Einst auf Erden,
Wenn ich längst im Grabe ruh'?
Das zu wissen Kann ich missen;
Weiß ich nur: Mein Heil bist du.

Jesus soll! mein letztes Wort Auch im Sterben bleiben.
Mit der Loosung zieh' ich fort, Und man soll auf's Grab mir schreiben:
Jesu Wort war sein Panier:
Jesus dort und Jesus hier!

156, a.

1 Theff. 4, 13. „Wir wollen euch aber, lieben Brüder, nicht verhalten von
denen, die da schlafen, auf daß ihr nicht traurig seid, wie die
andern, die keine Hoffnung haben."

156, b.

1 Theff. 4, 14. „Denn so wir glauben, daß Jesus gestorben und auferstanden
ist; also wird Gott auch, die da entschlafen sind, durch Jesum,
mit ihm führen."

156, c.

1 Theff. 4, 17. „Und werden also bei dem Herrn sein allezeit."

Meine Leibeshülle wird einst auferstehen,
Und verklärt zur Himmelsfreud' eingehen.

Hier halten uns're Glieder In Gottes Acker kurze Ruh',
Bald weckt sie Jesus wieder Und führet sie dem Himmel zu.

Es gibt ein seliges Wiederfinden Für alle, die im Glauben überwinden,
Ein ewig unvergänglich Leben.— Bessern Trost kann's ja nicht geben.

Christi Glieder legen hier am Grabe Nur die staub'gen Reisekleider ab.
Sie besitzen dort viel beßre Habe: Tragen Kronen, statt den Wanderstab.

Da wird uns der Tod nicht scheiden, Der uns jetzt geschieden hat.
Gott wird selbst alsdann uns weiden Und erfreu'n in seiner Stadt.

Zwar sagen wir unter Seufzen und Weinen
Hier für die Zeit uns: „Gute Nacht!"
Doch dort wird uns einst Jesus vereinen,
Wo uns die Sonne auf ewig lacht.

Nicht, daß man dich verloren hätte, Du bleibst doch unser, bist noch jetzt
Ein Glied aus der geliebten Kette, Nur in die Seligkeit versetzt.

157.

1 Tim. 4, 8. „Die Gottseligkeit ist zu allen Dingen nütze und hat die
Verheißung dieses und des zukünftigen Lebens."

Die Gottesfurcht bringt Segen ein: Ihr Lohn wird eine Krone sein!

Gott ist das allerhöchste Gut: Wer Gott hat, der hat's ewig gut.

Willig dem Herrn zu dienen Sei unsers Herzens Lust!
Die Hoffnung soll uns grünen, Uns bleibe stets bewußt,
Wie dort vor seinem Thron Die schöne Lebenskron'
Und großes ew'ges Heil Sei unser Erb' und Theil.

Er hat sich im Leben zu Christo bekannt,
Als zum einigen Heiland der Sünder;
Auf Christum allein seine Hoffnung auch stand
Im Sterben, nach Art der Gottes Kinder;
Und wie er so fröhlich in Christo schlief ein,
So wird sein Erwachen in Christo auch sein.

158.

1 Tim. 6, 12. „Kämpfe den guten Kampf des Glaubens und ergreife das ewige Leben, dazu du berufen bist."

Wer hier ermüden will, Der schaue auf das Ziel,
Da ist Freude. Wohlan, so seid
Zum Kampf bereit, So krönet euch die Ewigkeit.

Nach treuvollbrachten Pilgerlauf
Nimmt dich des Grabes Ruhe auf.
Du walltest nur der Heimath zu,
Kurz war der Schmerz, süß ist die Ruh'.

159.

2 Tim. 1, 10. „Jesus Christus hat dem Tode die Macht genommen und das Leben und ein unvergänglich Wesen an's Licht gebracht"

Mein Jesus hat mir Ruh' verschafft Durch seine Todesschmerzen,
Und seiner Auferstehung Kraft Gab Frieden meinem Herzen.

Du schied'st, versöhnt durch Christi Tod, Mit Fried' aus dieser Welt.
Nun kennst du keine Klag' und Noth Im schönen Himmelszelt.

Es hat dem Tod die Macht genommen
Mein treuer Heiland Jesus Christ.
Drum sag' Niemand: ich sei umkommen.
Mein Tod ein Gang zum Leben ist.

160. (362.)

2 Tim. 1, 12. „Ich weiß, an welchen ich glaube, und bin gewiß, daß er kann mir meine Beilage bewahren bis an jenen Tag."

Blumen verwelken, Marmor zerbricht,
Gottes Treu' nimmer in Ewigkeit nicht.

Auf Gott allein! so soll es sein, Er ist der rechte Hort;
Wer ihm vertraut, fest auf ihn baut, Ist selig hier und dort.

Du, du wirst die Ehrenkrone Ungezweifelt schenken mir,
Du wirst mir zum Gnadenlohne Thun auf die Himmelsthür.
Herr, ich bleibe dir verpflicht't, Herr, ich glaub' und zweifle nicht:
Du wirst mir nach diesem Leben Auch des Himmels Freude geben.

161.

2 Tim. 2, 5. „So Jemand auch kämpfet, wird er doch nicht gekrönet, er kämpfe denn recht."

Wer nicht recht kämpft, trägt auch die Kron'
Des ew'gen Lebens nicht davon.

Auf, Christenherz, auf! Vollende den Lauf!
Von Sünden erwacht, An's Sterben gedacht!
Die Sinne erhoben: Die Krone liegt droben!

162. (348.)

1 Tim. 2, 8. „Halte im Gedächtniß Jesum Christum, der auferstanden ist von den Todten."

Wer Jesum bei sich hat, Kann feste stehen,
Wird auf dem Unglücksmeer Nicht untergehen.

Wer Jesum bei sich hat, Der hat den Himmel,
Wünscht zu verlassen nur Das Weltgetümmel.

Wer Jesum bei sich hat, Kann nicht verderben;
Wer Jesum bei sich hat, Kann selig sterben.

163.

2 Tim. 2, 11. „Sterben wir mit, so werden wir mit leben."

Wer hier mit Jesu sterben geht, Einst fröhlich wieder aufersteht.

In seines Jesu reiche Gnade
Hatt' er im Glauben sich versenkt,
Darum ist ihm der Tod kein Schade,
Weil Jesus ihm das Leben schenkt.

Wie wir sind all' Durch Adams Fall
Ein's ew'gen Tod's gestorben,
Also hat Gott Durch Christi Tod
Verneut, das war verborben.

164. (291. 392.)

2 Tim. 4, 7. f. „Ich habe einen guten Kampf gekämpfet; ich habe den Lauf vollendet; ich habe Glauben gehalten. Hinfort ist mir beigelegt die Krone der Gerechtigkeit."

Des ew'gen Lebens edle Kron' Ist treuer Christen Gnadenlohn.

Ich habe meinen Lauf vollendet, Von Sünd' und Noth bin ich befreit,
Mir hat mein Jesus zugewendet Die Krone der Gerechtigkeit.

Gekämpft ist nun der Kampf Vollendet ist mein Lauf:
Vom Kampfplatz dieser Welt Als siegekrönten Held,
Nahm er, mein Siegesfürst, Mich heim zu sich hinauf.
Denn dem rechten Streiter wird die Krone
Droben vor des heil'gen Lammes Throne.

165.

2 Tim. 4, 18. „Der Herr wird mich erlösen von allem Uebel, und aushelfen zu seinem himmlischen Reich."

Noch ein wenig im Elende: Bald nimmt alle Last ein Ende!

Noch ein wenig im Verlangen: Bald wirst du das Ziel erlangen!

Noch ein wenig halte aus: Bald, o bald bist du zu Haus!

Noch ein wenig, noch ein wenig: Bald nimmt dich der Friedenskönig
In sein Friedenselement, Ewig, ewig, ohne End'.

166.

1 Petri 1, 13. „Setze Deine Hoffnung ganz auf die Gnade Jesu Christi".

Denn welcher seine Zuversicht Auf Gott setzt, den verläßt er nicht.

Wenn sonst alle Stütze bricht, Diese Hoffnung trüget nicht.

Nur deine Gnade heiligt mich, Damit ich frei werd' ewiglich.

Wohl dem, der hier um Gnade fleht, Eh' er vor dem Richter steht.

An Christum glaub' ich unnütz Knecht: Sein Blut allein macht mich gerecht.

Durch ihn ist uns vergeben Die Sünd', geschenkt das Leben;
Im Himmel soll'n wir haben, O Gott, wie große Gaben!

Ich bin ein unnütz Knechte, Mein Thun ist viel zu schlechte,
Denn daß ich ihm bezahl' Damit das ew'ge Leben;
    Umsonst will er mir's geben,
Und nicht nach mein'm Verdienst und Wahl.

167.

1 Petri 1, 19. „Wir sind erlöst mit dem theuren Blute Christi, als eines unschuldigen und unbeflecten Lammes."

Bedenk' an dieser Stätte, Wo meine Hülle liegt:
Was wär' ich, wenn nicht hätte Der Herr den Tod besiegt!

Dort schien auf ird'schem Pfade Uns stets das Licht der Gnade,
Und hier: der Glanz der Herrlichkeit!

Wohl Allen, die dies glauben! Kein Teufel kann berauben
Sie ihrer Seligkeit. Hier scheint auf ird'schem Pfade
Ihnen das Licht der Gnade, Und dort der Glanz der Herrlichkeit.

168.

1 Petri 1, 24. „Alles Fleisch ist wie Gras, und alle Herrlichkeit der Menschen wie des Grases Blume."

Was sind dieses Lebens Güter? Eine Hand voller Sand,
    Kummer der Gemüther. Dort, dort sind die edlen Gaben,
Da mein Hirt, Christus, wird Mich ohn' Ende laben.

Alle Menschen müssen sterben, Alles Fleisch vergeht wie Heu:
Was da lebet, muß verderben, Soll es anders werden neu.
Dieser Leib der muß verwesen, Wenn er ewig soll genesen
Der so großen Herrlichkeit, Die den Frommen ist bereit.

169.

2 Petri 3, 13. „Wir warten aber eines neuen Himmels und einer neuen Erde, nach seiner Verheißung, in welchen Gerechtigkeit wohnet." —

Die auserwählten Frommen, Die Gott zu sich genommen
Aus diesem Thränenthal: Sie singen dort und loben
Den Herrn, die sie erhoben Zum schönen Himmelsehrensaal.

170. (273.)

1 Joh. 2, 17. „Die Welt vergehet mit ihrer Lust; wer aber den Willen
Gottes thut, der bleibet in Ewigkeit."

Ach wie nichtig, ach, wie flüchtig
Sind doch irb'sche Dinge!
Alles, alles was wir sehen, Das muß fallen und vergehen.
Wer Gott fürcht't, Bleibt ewig stehen.

Alles, was vom Fleisch geboren, Weltlust, Ehre, Glanz und Pracht,
Sinket an des Todes Thoren, Hin in dunkle Trauernacht.
Nur mit Jesu wird es dir gelingen, Aus dem Tod ins Leben durchzudringen.

Ach, sagt mir nichts von Gold und Schätzen,
Von Pracht und Schönheit dieser Welt;
Es kann mich ja kein Ding ergötzen,
Was mir die Welt vor Augen stellt.
Ein jeder liebe, was er will, Ich liebe Jesum, der mein Ziel.

171.

1 Joh. 3, 2. „Es ist noch nicht erschienen, was wir sein werden. Wir wissen
aber, wenn es erscheinen wird, daß wir ihm gleich sein werden,
denn wir werden ihn sehen wie er ist."

Droben wird im Schauen klar, Was im Glauben dunkel war.

172.

Ebr. 4, 1. „So lasset uns nun fürchten, daß wir die Verheißung, einzukommen zu seiner Ruhe, nicht versäumen und unser keiner dahinten
bleibe."

Du Todter Gottes, schlaf' in Ruh'; Wir gehn nach unsern Hütten zu,
Und machen zu der Ewigkeit Mit Freud' und Zittern uns bereit.

Du lebst bei Gott in sel'ger Ruh'. Da leb' und bleib' nun immerzu;
Ich will, will's Gott, mit andern Auch bald hernacher wandern.

173.

Ebr. 4, 3. „Wir, die wir glauben, gehen in die Ruhe."

Wer Jesu sich ergeben, Dem ist der Tod kein Tod:
Vielmehr ein Gang zum Leben Aus aller Todesnoth.

174. (339. 393.)

Ebr. 4, 9 u. 11. „Es ist noch eine Ruhe vorhanden dem Volke Gottes So
lasset uns nun Fleiß thun, einzukommen zu dieser Ruhe."

Ruh', Ruh', Ruh', Ruh', himmlische Ruh',
Im Schoße des Mittlers, ich eile dir zu.

In Grabesstille Ruht hier die Hülle;
Dort lebt der Geist; Gott sei gepreist!

Zum Himmel auf! Welt und Erde muß verschwinden,
Nur bei Jesu ist zu finden Die wahre Ruh'.

Nach unsrer Pilgerreise Nimmt uns die Herberg' auf,
Da zieh'n wir ein so leise Zur Ruh' nach müdem Lauf.

Was hilft die Welt in letzter Noth?
Lust, Ehr' und Reichthum in dem Tod?
O Mensch, du läufst dem Schatten zu!
Bedenk' es nur: Du kommst sonst nicht zur wahren Ruh'.

175. (428.)

Ebr. 9, 27. 28. „Wie den Menschen gesetzt ist, einmal zu sterben, darnach aber das Gericht: Also ist Christus einmal geopfert, wegzunehmen Vieler Sünden."

Der Frommen Seele lebt bei Gott, Der sie aus aller ihrer Noth,
Von aller ihrer Missethat Durch seinen Sohn erlöset hat.

Auf Gott steht mein Vertrauen, Sein Antlitz will ich schauen
Wahrlich durch Jesum Christ, Der für mich ist gestorben,
Des Vaters Huld erworben, Mein Mittler er auch worden ist.

176.

Ebr. 10, 38. „Der Gerechte aber wird des Glaubens leben"
Wer ewiglich bleiben will, glaube dem Wort, das ewiglich bleibet.

Der Glaube an Jesum Mit Ihm verbindet, Hülfe findet, Ueberwindet.

Gott hat uns vergeben All' Sünde und Schuld,
Daß wir nun selig leben Durch Jesu Gnad' und Huld.

177.

Ebr. 11, 16. „Nun aber begehren sie (Gläubige) eines bessern, nämlich eines himmlischen. Darum schämet sich Gott ihrer nicht, zu heißen ihr Gott; denn er hat ihnen eine Stadt zubereitet."

Zu Gott hinauf War stets sein Lauf:
Nun gab zum Gnadenlohne Ihm Gott die Lebenskrone.
(Siehe auch zu Ebr. 13, 14.)

178.

Ebr. 12, 6. „Welchen der Herr lieb hat, den züchtigt er." (Vergl. No. 38.)
Christus nimmt uns, was uns quält, Gibt dafür uns, was uns fehlt.

Seine Gnade waltet, Seine Liebe wacht,
Wie sich auch gestaltet, Was uns Kummer macht.

Es liebt uns sehr Der gute, treue Herr;
Und daß wir's fühlen mögen, Schickt er uns Kreuzessegen.
Deß tröst't sich unser Herz.

179.

Ebr. 13, 14. „Wir haben hier keine bleibende Statt, sondern die zukünftige suchen wir."
Schick das Herze da hinein, Wo ihr ewig wünscht zu sein?

Valet will ich dir geben, Du arge, falsche Welt!
Dein sündlich böses Leben Durchaus mir nicht gefällt
Im Himmel ist gut wohnen, Hinauf steht mein Begier!
Da wird Gott ewig lohnen, Dem, der ihm dient allhier.

180. (442.)

Offenb. 1, 8. „Ich bin das A und das O, der Anfang und das Ende, spricht der Herr."

Hab' allewege auf Gott getraut, Mein'n Glauben auf sein Wort gebaut:
Nun hat mir seine Hut und Wacht Mein'n Aus- und Eingang wohl bedacht.

181. (365. 395.)

Offenb. 2, 10. „Sei getreu bis an den Tod, so will ich dir die Krone des Lebens geben."

Wer ein Christ beständig bleibt, Und bis an sein Ende gläubt,
Dem setzt Gott die Lebenskrone Droben auf zum Gnadenlohne.

Willst du die Krone des Lebens ererben:
Lern' christlich leben und selig sterben.

Wer die Ehrenkrone will besitzen, Muß sich die Dornen lassen ritzen.

O Theure! bleibt ihm treu, Daß euer Leben sei Ganz in Jesu
Dem Gottessohn; Sein Gnadenlohn
Schmückt Treue mit der Ehrenkron'.

182.

Offenb. 2, 11. „Wer überwindet, dem soll kein Leid geschehen vom andern Tode"

Wer überwindet, soll im Sterben Die Herrlichkeit des Himmels erben.

Mein Leib wird wieder leben In ew'ger Herrlichkeit,
Und mit der Seele schweben In sel'ger Wonn' und Freud'!

183.

Offenb. 2, 17. „Wer überwindet, dem will ich zu essen geben von dem verborgenen Manna."

Mein Verlangen laß allein Nur nach jenem Manna sein.

184.

Offenb. 12, 11. „Sie haben ihn (den Verkläger) überwunden durch des Lammes Blut, und durch das Wort ihres Zeugnisses; und haben ihr Leben nicht geliebet bis an den Tod."

Du schaust nun, was wir glauben Du hast nun, was uns fehlt;
Dir kann der Feind nichts rauben, Der uns versucht und quält.

Laßt uns nicht das Leben lieben, Liebt den, der das Leben heißt.
Unser Nam' ist eingeschrieben, Und das Pfand ist Christi Geist.

185. (311.)

Offenb. 14, 13. „Selig sind die Todten, die im Herrn sterben, vom Nu an. Ja, der Geist spricht, daß sie ruhen von ihrer Arbeit; (denn ihre Werke folgen ihnen nach.)"

Selig, die in Christo sterben: Sie sind seines Reiches Erben.

In dem Herren sterben Heißt den Himmel erben:
Denn wer glaubt, soll nicht verloren geh'n.

„Selig, wer im Herren stirbet, vom Nu an" —
Der Leib verdirbet, Doch die Seele ruht bei Gott.

Die in Jesu sterben, Geh'n zum Leben ein,
Sind des Himmels Erben, Wo sie sich ewig freu'n.

O wie selig seid ihr doch, ihr Frommen,
Die ihr durch den Tod zu Gott gekommen!
Ihr seid entgangen Aller Noth, die uns noch hält gefangen.

Ihr, ihr Frommen, ruht in eurer Kammer
Sicher und befreit von allem Jammer;
Kein Kreuz und Leiden
Ist euch hinderlich in euren Freuden.

Selig sind des Himmels Erben,   Nach den letzten Augenblicken
Die Todten, die im Herrn sterben,   Des Todesschlummers folgt Entzücken
Sie gehen ein zur Herrlichkeit.   Und Wonne der Unsterblichkeit.

Im Frieden ruhen sie Von aller Sorg' und Müh'.
Hosiannah! Vor Gottes Thron Zu seinem Sohn'
Begleiten ihre Werke sie.

186. (330.)

Offenb. 19, 9. „Selig sind, die zu dem Abendmahl des Lammes berufen sind."
Ich lebe nun und hab' es gut, Herr Christ, erlöst mit deinem Blut.

Nun komm, du werthe Kron', Herr Jesu! Gottessohn,
Hosianna! Wir folgen all' Zum Freudensaal,
Und halten mit das Abendmahl.

187. (343. 398.)

Offenb. 21, 4. „Gott wird abwischen alle Thränen von ihren Augen; und der Tod wird nicht mehr sein, noch Leid, noch Geschrei, noch Schmerzen wird mehr sein; denn das erste ist vergangen "

Droben ist selige Ruh': Dort wird kein Jammer, keine Pein,
Kein Weinen und kein Schmerz mehr sein. Hilf uns dazu, o Jesu, unsre Ruh'!

Dort, wo in ew'ger Jugend nichts veraltet,
Nicht mehr die Zeit mit scharfem Zahne nagt,
Und wo kein Auge bricht, kein Herz erkaltet,
Kein Leid, kein Schmerz, kein Tod die Sel'gen plagt:
Dort wird alles sehr gut sein.

O süßer Trost! O schönes Wort! Laßt's uns doch recht bedenken:
Bei Gott ist ja kein böser Ort, Kein Unglück und kein Kränken,
Kein' Angst, kein Mangel, kein Versehn; Bei Gott kann keinem Leid gescheh'n!

II.

Grabschriften mit Bezug auf Lebensverhältnisse und Todesumstände.

_____

A. Für verschiedene Altersstufen.

1. Für Kinder.

a. Ueberhaupt.

188. (4. 224.)

2 Sam. 12, 23. „Ich werde wohl zu ihm fahren 2c. 2c."

Du kommst nicht wieder her zu mir
In dies betrübte Leben;
Ich aber komm' hinauf zu dir;
Da werd' ich mit dir schweben
In höchster Wonne, Freud' und Lust,
Die deine Seele ewig kost't,
Darauf ich mich herzlich freue.

189. (207.)

Hiob 1, 21. „Der Herr hat es gegeben, der Herr hat es genommen; der
Name des Herrn sei gelobet!"

Der dich aus diesem Leid Zur Freude hat gebracht,
Dem sei Lob, Ehr' und Preis! Er hat es wohl gemacht.

Der dich gab, hat dich genommen, Daß du solltest zu ihm kommen
In des Himmels Herrlichkeit. Preis sei ihm in Ewigkeit.

Wenn die lieben Kindlein scheiden, Elternherz sich tief betrübt;
Doch ist dies der Trost im Leiden: Gott schickt's, der uns herzlich liebt.

Unser Kind war uns geliehen, Gott der Herr nahm es uns fort,
Ueberhob uns aller Mühen, Brachte es zum Leben dort.
In der sel'gen Himmelsfreude Weiß es jetzt von keinem Leide.

Mein Heiland ist gekommen Und hat mich aufgenommen
In's schöne Paradeis Ihr Eltern dürft nicht klagen,
Mit Freuden sollt ihr sagen: Dem Höchsten sei Lob, Ehr' und Preis!

190. (208.)

Hiob 14, 1. 2. „Der Mensch vom Weibe geboren lebt kurze Zeit, und ist
voll Unruhe, gehet auf wie eine Blume, und fällt ab, fleucht
wie ein Schatten, und bleibet nicht."

Wir blühen auf und fallen ab, Wir steigen aus der Wieg' in's Grab.

Kurz war mein Erdenleben, Ein bess'res wird mir geben
Gott in der Ewigkeit.

Ach wie nichtig, ach wie flüchtig Ist der Menschen Schöne!
Wie ein Blümlein bald vergehet, Wenn ein rauhes Lüftlein wehet,
So ist unf're Schöne, sehet!

191. (13. 341.)

Pf. 16, 6. „Das Loos ist mir gefallen auf's Liebliche ꝛc."

Ich werde nicht von Bürden mehr geplaget,
Kein Kummer, keine Noth mich rühret an;
Kein irdisch Unglück mir nun hier mehr schadet;
Denn was dort war, ist hier nun abgethan.

Nur fröhl'che Jubellieder kann ich singen
Zu Gottes Lob, zu Jesu Ruhm und Preis.
O prächtig wundervoll die Harfen klingen!
O wunderschön ist Gottes Paradies!

So bist du nun im Himmelsfrieden,
Geliebtes Kind; dir ist nun wohl:
Ein lieblich Loos ist dir beschieden,
Das dir kein Feind mehr rauben soll.

Daß du so bald ins Grab gesunken,
Das drückt so schwer der Eltern Herz;
Doch droben stehst du freudetrunken,
Befreit von allem Erdenschmerz.

Ein schön Erbtheil, ein lieblich Loos Ward dir zu Theil in Jesu Schooß;
D'rum wünschen wir dich nie zurück: Voll Hoffnung ist der Thränenblick.

Ach liebe Eltern, dorten Auf's lieblichste ist mir
Das Loos zu Theil geworden In sel'ger Himmelszier. —
So trocknet eure Thränen, Bedenket doch mein Glück!
Glaubt nur, es steht mein Sehnen Zur Erde nicht zurück.

D'rum weinet nicht um mich, Ihr meine Lieben,
Preist Gott, der alles hat so wohl gemacht.
Folgt mir recht bald, die ihr dort seid geblieben,
In diese wundersame Himmelspracht.

Wir ließen dich mit Schmerzen Aus unsern Armen los;
Doch gönnen wir von Herzen Dir auch dein köstlich Loos.
Dort finden wir dich wieder Vor Jesu Angesicht,
Und unf're Jubellieder Verstummen ewig nicht.

192. (209.)

Pf. 23, 1. 2. „Der Herr ist mein Hirte, mir wird nichts mangeln. Er weidet mich auf einer grünen Aue, und führet mich zum frischen Waſſer."

Der Hirt nimmt's Schäflein von der dürren Heide
Und führt's auf Zions ewig grüne Weide.

Dank ſei dem guten Hirten: Er holte heim ſein Kind,
Will himmliſch es bewirthen, Wo alle Sel'gen ſind.

Still, klagender Mund! Der Hirt trug ſein Lamm aus dem Thale
Zum himmliſchen Saale; Dort lachet ſein Mund.

Still, ſeufzendes Herz! Sein Kind holt' der Vater vom Fallen
In ewige Hallen: Dort jauchzet ſein Herz!

Still, weinet nicht mehr! Der Heiland nahm, was er erworben,
Wofür er geſtorben: Nun weint es nicht mehr.

O wohl auch dieſem Kinde! Es ſtarb nicht zu geſchwinde.
Zieh hin, mein liebes Kind! Du gingeſt ja nur ſchlafen,
Und biſt nun bei den Schafen, Die ewig unſers Jeſu ſind.

Dein Heiland wird dich ewig weiden, Auf grüner Aue wirſt du geh'n,
Bis wir auch einſt von hinnen ſcheiden Und dort dich ewig wiederſeh'n.

Wenn Gewitterwolken ſteigen An dem fernen Himmel auf,
Eilt der Hirt mit ſeinen Schäflein In die Hürd' mit ſchnellem Lauf —
So macht's auch der Himmelsvater: Wenn Gefahr und Unglück droht,
Holet heim er ſeine Kinder; Menſchen ſagen: — ſie ſind todt.

193.

Pf. 127, 3. „Siehe, Kinder ſind eine Gabe Gottes."

Am beſten ſind ſie auch verſorgt Bei Gott, der ſie uns nur geborgt.

194.

Jer. 29, 11. „Ich weiß wohl, was ich für Gedanken über euch habe, ſpricht der Herr, nämlich Gedanken des Friedens, und nicht des Leides."

Elternherze, willſt du klagen Ueber dein entſchlaf'nes Kind?
Engel haben's hingetragen, Wo die Sel'gen alle ſind:
Aus der Erde Nacht und Grauen, Aus der Welt und ihrer Pein
Auf des Paradieſes Auen In den ew'gen Sonnenſchein.

195. (53. 217. 385.)

Jer. 31, 3. „Ich habe dich je und je geliebet ꝛc."

Ich ſehe ſchon des Himmels Pracht: Lebt wohl, ihr Eltern, gute Nacht!
Du ward'ſt geſetzt in Gottes Garten: Er wird nun ſeiner Pflanze warten.

Gott ſpricht: Willkommen, liebes Kind!
Dich will ich bei mir haben Und ewig reichlich laben.

Was früh die Lieb' entbehret In ihrem Freudenkranz,
Das hat Gott früh verkläret Zu ew'gem Freudenglanz.

Ihr Eltern liebtet mich wohl sehr; Gott aber liebte mich viel mehr:
Er nahm mich in sein Himmelreich Und machte mich den Engeln gleich.

Noch wärmer, als ich je gekonnt, Hat Jesu Lieb' mein Kind gesonnt.
Drum schloß er ihm den Lebenslauf Und nahm es in den Himmel auf.
Vor Sünde und des Teufels List In seinem Schooß es sicher ist.

196. (58.)

Weish. 3, 1. „Der Gerechten Seelen ꝛc."

Der Gerechten Seelen Sind in Gottes Hand,
Nichts mehr kann sie quälen: Selig ist ihr Stand.

Aus der Fremde eiltest du In die ew'ge Heimath droben,
Aus dem Kampfe in die Ruh', Aus dem Tod ins ew'ge Leben.

Lasset ab, ihr meine Lieben, Lasset ab von Traurigkeit!
Was wollt ihr euch mehr betrüben? Weil ihr deß versichert seid,
Daß ich alle Qual und Noth Ueberwunden, und bei Gott
Mit den Auserwählten schwebe Voller Freud' und ewig lebe.

197. (210.)

Weish. 4, 13. „Er ist bald vollkommen worden."

Ich habe schon nach kurzem Streit Erlangt die Kron' der Herrlichkeit.

O liebe Eltern, höret auf, Zu klagen meinen kurzen Lauf:
Ich bin vollkommen worden bald, Wer selig stirbt, ist g'nugsam alt.

Du warst uns nur geliehen Für eine kleine Zeit;
Früh durftest du einziehen Ins Erb' der Seligkeit.

198. (68. 212. 218.)

Marc. 5, 39. (Matth. 9, 24.) „Das Kind (Mägdlein) ist nicht gestorben (todt),
sondern es schläft."

O schlummre sanft im Kämmerlein, Mit Blumen zugedeckt,
Schlaf süß ohn' alle Sorg' und Pein, Bis dich dein Heiland weckt.

Wenn er einst (Jesus) beinen Namen ruft An beines Grabes Thor,
Dann steigst du fröhlich aus der Gruft Zur Herrlichkeit empor.

Dort werden sie dich wiederseh'n, Die hier um dich geweint,
Vor Gottes Thron, verklärt und schön, In Ewigkeit vereint.

Hier schläft dein Leib in sicher Ruh', Herzliebes Töchterlein!
Doch naht der große Tag herzu, An welchem Groß und Klein
Hervorgeh'n aus der Grabesnacht, Um ewig da zu sein,
Wo Christ, der Herr, zur Himmelspracht Die Seinen führet ein.

199. (213.)

Marc. 10, 14. „Laſſet die Kindlein zu mir kommen, und wehret ihnen nicht; denn ſolcher iſt das Reich Gottes."

Laſſet die Kindlein kommen Zu mir, ſpricht Gottes Sohn:
Sie ſind mein' Freud' und Wonne, Ich bin ihr Schild und Kron'.

Auch für die Kinderlein, Daß ſie nicht werd'n verloren,
Bin ich ein Kind geboren, Drum ſie mein eigen ſein.

„Laßt die Kindlein zu mir kommen, Ihrer iſt das Himmelreich."
Sie ſind aller Noth entnommen, Ewig ſelig, Engeln gleich.

„Laßt die Kindlein zu mir kommen," Spricht der Heiland auch zu euch:
Da er dies Kindlein aufgenommen In ſein ew'ges Himmelreich.

Ihr Eltern, laſſet mich: Mein Jeſus heißt mich kommen;
Und glaubet ſicherlich: Ich bin euch nicht genommen.
Es wird gar bald geſcheh'n, Daß wir uns wiederſeh'n.

Gute Eltern, weinet nicht! Wißt ihr doch, daß Jeſus ſpricht:
„Laßt die Kindlein zu mir kommen!"
Ja, der Heiland Jeſus Chriſt, Der auch mir ein Heiland iſt,
Hat mich liebreich aufgenommen.

200. (214. 243.)

Marc. 16, 16. „Wer da glaubet und getauft wird der wird ſelig."

Er (ſie) ward in der Taufe zu Jeſu gebracht:
Gewiß iſt, daß Jeſus ihn (ſie) ſelig gemacht.

Ich habe Jeſum angezogen
Schon in der gnadenreichen Tauf,
Und weil mir Jeſus war gewogen,
Nahm er mich in den Himmel auf.

Ich bin durch Chriſti Blut erkauft,
Und auch in ſeinen Tod getauft;
Drum iſt das Sterben mir Gewinn,
Weil ich bei Gott in Gnaden bin.

201. (79.)

Luc. 11, 2. „Dein Wille geſchehe."

Ich habe es ſehr lieb; Doch iſt's dein Wille,
Nimm, Herr, mein Kind, Ich will dir halten ſtille.

Fragſt du, wohin mein Kind gekommen?
Gott hat's ins Himmelreich genommen!
Darum will ich ihm halten ſtille,
Und ſagen: Gnädig iſt ſein Wille.

202.

Luc. 18, 17. „Wahrlich, ich ſage euch, wer nicht das Reich Gottes nimmt als ein Kind, der wird nicht hineinkommen."

Geſegn' euch Gott der Herre, Ihr Vielgeliebten mein!
Trauert nicht allzuſehre Ueber den Abſchied mein:
Bleibt ihr auch treu im Glauben, Werd'n wir in kurzer Zeit
Einander wiederſchauen In ew'ger Seligkeit.

Als Sünder geboren, Mit Lüsten befleckt,
War mein Heil verloren, Mit Schuld ich bedeckt.
Da ist Gott gekommen Mit Segen und Gnad',
Hat mich angenommen Im sel'gen Taufbad':
Da ward mir vergeben All' Sünde und Schuld;
Nun lebe ich selig Durch Gott's Gnad' und Huld.

203.

Luc. 20, 36. „Sie können hinfort nicht sterben; denn sie sind den Engeln gleich, und Gottes Kinder, dieweil sie Kinder sind der Aufer=stehung.“

Dort oben in des Himmels Höhn
Soll' ich mein Kind ja wiedersehn,
Und nie und nie mich trennen mehr
Vom Engel in der Engel Heer.

Hier säten zwar mit Thränen wir Ein Samenkörnlein aus;
Doch einst ersteht's in schönster Zier Zum Schmuck im Himmelhaus.

Verwelkt der Leib gleich in der Erden,
Er wird doch künftig wieder blüh'n,
Von Jesu schön verkläret werden,
Der wird ihm seinen Glanz anzieh'n:
Da werd' ich als ein Engel sein;
Deß' wird sich euer Herz erfreu'n.

Du liebes Kind, wie wohl ist dir geschehen!
Bald ruft der Herr, dann wirst du auferstehen
Zur ew'gen Seligkeit, zur Himmelswonne,
Und leuchten, wie ein Stern, ja, wie die Sonne.

Du sel'ges Kind! In aller Engel Chor
Stimmst du nun jauchzend ein;
Nicht sieht das Aug', nicht höret unser Ohr,
Was dort dich mag erfreu'n.

Gott nimmt mich auf zu Gnaden Zum Erben in sein'm Reich:
Der Tod kann mir nicht schaden; Ich bin den Engeln gleich.

Mein Leib wird wieder leben In Ruh und ew'ger Freud
Und sammt der Seele schweben In ew'ger Seligkeit!

204.

Joh. 10, 28. „Und sie werden nimmermehr umkommen, und Niemand wird sie mir aus meiner Hand reißen.“

Ich bin sicher ewiglich In des Herren Hand, der mich
Ihm zum Eigenthum erworben, Da er ist am Kreuz gestorben.

Zeuch hin, mein Kind, zum Herrn!
Wir lassen dich mit Schmerzen, aber gern.
Du bist bei ihm, und singst ihm Jubellieder:
Da finden wir dich wieder.

205. (100.)

Joh. 13, 7. „Was ich thue ꝛc."

O Eltern, laßt die Zähren
Und stellt das Klagen ein:
Muß nicht des Herrn Begehren
An uns erfüllet sein?

Das, was ihr jetzt beweinet,
Was euch so wehe thut,
Ist besser, als ihr meinet;
Denn Gott macht alles gut.

Du gingest heim, mein Kind! Wir wollten gern dich halten,
Doch wir sind schwach und blind, Der weise Herr mag walten.

Zeuch hin, mein Kind! Weil es Gott so gefällt,
So unterlaß' ich alles Klagen, Und will mit stillem Geiste sagen:
Zeuch hin, mein Kind!

Zuvor bracht' ich euch Freude, Nun, da ich von euch scheide,
Betrübt sich euer Herz. Doch wenn ihr's recht betrachtet,
Und was Gott thut, hochachtet, Wird sich bald lindern euer Schmerz.

---

b. Für kleine Kinder.

206.

4 Mos. 32, 10. „Meine Seele müsse sterben des Todes der Gerechten, und mein Ende werde wie dieser Ende."

Du hast schon überwunden, Und bist bei deinem Gott,
Er geb' durch Christi Wunden, Auch uns ein'n sel'gen Tod.

Wenn Gott Jemand nimmt zu sich In den Himmel gleich wie mich,
Und mit lauter Wonne tränket, — Wer ist, der sich darob kränket?

Du hast schon früh erlanget Den Himmel, liebes Kind!
Wovor uns oft noch banget: Tod, Teufel, Welt und Sünd',
Hast du schon überwunden, Und lebst bei deinem Gott.
Er geb' durch Jesu Wunden Auch uns ein'n sel'gen Tod!

207. (189.)

Hiob 1, 21. „Der Herr hat's gegeben ꝛc."

Mir ist sehr wohl geschehen, Ich leb' in Wonn' und Freud';
Freut euch auf's Wiedersehen Dort in der Ewigkeit!

Du kamst, du gingst mit leiser Spur, Ein flücht'ger Gast im Erdenland;
Woher? wohin? wir wissen nur: Aus Gottes Hand in Gottes Hand.

208. (190.)

Hiob 14, 1. 2. „Der Mensch vom Weibe geboren ꝛc."

Nicht jedes Keimchen kommt zur Blüthe,
Gar manches fällt als Knospe ab;
So sinkt auch unsers Kindleins Hülle
Schon zur Verwesung in das Grab.
Gott, der aus Lieb' den Liebling gab,
Nimmt ihn aus Lieb' uns wieder ab.

Wie ein Gärtner zarte Pflänzlein Schützt vor rauher Winde Hauch,
So hält Christus mit den Kindlein Gleichfalls solchen Brauch,
Damit sie ihm hier nicht durch Abfall verderben,
Führt er sie zum Himmel durch seliges Sterben.

209. (192.)

Pf. 23, 1. 2. „Der Herr ist mein Hirte 2c."

Ich will auf grüner Aue Dich wie ein Schäflein weiden:
Sei fröhlich und vertraue: Sollst keinen Mangel leiden.

Jesus, der mein guter Hirte, Hat sein Lämmchen wohl bedacht,
Und, damit es nicht verirrte, Früh zum Himmel heimgebracht.

Auf seinen treuen Hirtenarmen Trug Jesus mich in's Vaterhaus:
An seiner Brust ruh' ich nun aus, Darum so preiset sein Erbarmen.

Früh hat mich Jesus heimgerufen Aus dieser Erde Jammerthal:
Nun preis' vor seines Thrones Stufen Ich ewig ihn im Himmelssaal.

210. (197.)

Weish. 4, 13. „Er ist bald vollkommen worden."

Ich bin vollkommen worden bald. Wer selig stirbt, ist g'nugsam alt.

Er ist entfloh'n, entfloh'n der Welt, Hat sie besiegt, der kleine Held.

Früh gingst du aus hienieden
Aus dieser argen Welt und Zeit;
Dafür ist dir beschieden In Christo ew'ge Seligkeit.

Wer lange lebt, steckt lang' im Leide,
Wer frühe stirbt, kommt bald zur Freude.
Zeuch hin, mein Kind!

211.

Matth. 18, 3. 4. „Es sei denn, daß ihr euch umkehret und werdet wie die
Kinder, so werdet ihr nicht in das Himmelreich kommen."

In Christi Wunden schlaf' ich ein, Die machen mich von Sünden rein.
Ja, Christi Blut und Gerechtigkeit, Das ist mein Schmuck und Ehrenkleid,
Damit will ich vor Gott besteh'n, Wenn ich in Himmel werd' eingeh'n.

Mensch, wirst du nicht ein Kind, So gehst du nimmer ein,
Wo Gottes Kinder sind: Die Thür ist viel zu klein.

212. (68. 198. 218.)

Marc. 5, 39. Matth. 9, 24.) „Das Kind (Mägdlein) 2c."

Otto schläft nun süß und gut, Weil in Jesu Schooß er ruht.

Wohl dem, der in Jesu ruht! Wilhelm schläft nun sanft und gut.

Schlaf', Kindlein, sanft in stiller Gruft,
Bis einst der jüngste Tag anbricht,
Und deines Jesu Stimm' dich ruft.

Ausgekämpfet schon so frühe Hast du, liebes Brüderlein,
Alle Schmerzen, alle Mühe Nahm dir ab dein Jesulein:
Auf den Schmerz folgt nun die Freud', Sel'ge Freud' in Ewigkeit.

Ausgekämpft, ausgelitten, Hast du kleiner Dulder nun;
Frühe hast du ausgestritten, Um im Mutterarm*) zu ruh'n.
Und dann fröhlich aufzustehen, Wenn die Posaun' wird angehen.

213. (199.)

Marc. 10, 14. „Lasset die Kindlein zu mir kommen ꝛc."

Wir legten's in der heil'gen Tauf' An Jesu Herz; er nahm es auf
Nun es sein Eigenthum geworden,
Rief er alsbald uns wieder zu:
„Zu mir!" — Und öffnet ihm die Pforten,
Die einführ'n zu der ew'gen Ruh'.
Dein Rath, Herr, scheint uns wunderlich;
Doch ehr'n wir unter Thränen dich.

214. (200. 243.)

Marc. 16, 16. „Wer da glaubet und getauft wird, der wird selig."

Wenn kleine Himmelserben In ihrer Taufgnad' sterben,
So büßt man sie nicht ein; Sie werden nur dort oben
Vom Vater aufgehoben, Damit sie unverloren sein.

Mich hat in seinen Gnadenbund Der treue Heiland aufgenommen;
Drauf hieß zu früher Todesstund' Er mich zum Himmelserbtheil kommen.

So hab' ich für das ew'ge Leben Geboren dich, mein Mutterherz
Bewegt ein wonnevolles Beben, Geliebtes Kind, beim tiefsten Schmerz.

Nicht, daß ich dich verloren hätte! Du bleibst noch mein und bist noch jetzt
Ein Glied aus der geliebten Kette: Nur in die Seligkeit versetzt.

215. (88.)

Joh. 4, 51. „Dein Kind lebet!"

Kurz war mein irdisch Leben;
Ein beff'res wird mir geben Gott in der Ewigkeit.

Da werd' ich nicht mehr sterben,
In keiner Noth verderben, Da ist mein Leben lauter Freud!

216.

Röm. 8, 15. „Ihr habt einen kindlichen Geist empfangen, durch welchen wir rufen: Abba, lieber Vater!"

„Lieber Vater, — selig! — Amen," betete das liebe Kind.
Kinderseelen, die dem Herrn Also wohlgefällig sind,
Führt er gern aus Noth und Schmerz,
Legt sie an sein Vaterherz.

Hilf Gott allezeit: Mach' uns bereit
Zur ew'gen Freud' und Seligkeit! Amen.

*) Mit der Mutter zugleich begraben.

„Breit' aus die Flügel beide…..‚ „So flehte frommgesinnt
In seinem Todesleide Mein frühentschlaf'nes Kind.

„O Jesu, meine Freude!…." So stammelte es, ach!
Da ihm das Weltgebäude So früh zusammenbrach.

„Und nimm dein Küchlein ein…." Das Küchlein mußte sterben,
Den Himmel zu ererben, Und dacht' an Jesum ganz allein.

„Will Satan mich verschlingen….‚" O Satan hatte Macht,
Ihm seinen Leib zu zwingen In Schmerzen Tag und Nacht.

„O laß die Englein singen…." Sie sangen auch, mein Herz,
Da sie auf ihren Schwingen Dich trugen himmelwärts:
„Dies Kind soll unverletzt sein…."
  Sein Herz hoch über Thal und Hügeln,
  Ruht unter seines Jesu Flügeln,
  Die Allmacht wacht am Leichenstein.
         (H. Ruhland.)

Früh hast du überwunden, Du liebes gutes Kind,
Früh jene Welt gefunden, Wo sel'ge Freuden sind.
  Schön geschmückt mit ew'ger Krone,
  Glänzest du vor Gottes Throne

  Wie kurz ist doch der Menschen Leben,
  Wie elend wird man weggerafft.
  Wir sind mit Sterblichkeit umgeben,
  Darum versiegt der Lebenssaft.
  Wir blühen auf und fallen ab,
  Und steigen aus der Wieg' in's Grab.

Mein sel'ges Kind! Dem ersten Lebenslenz entflohen
Zum ewig schönen Lenz dort oben. Wie hast du's gut!

Mein sel'ges Kind! entschlafen schon zum Himmelsfrieden,
Eh' dir der Erde Leid beschieden. Wie hast du's gut!

  Zwar nur wenig waren deiner Tage;
  Aber doch hast du der Erden Plage,
  Liebes Kindlein, auch bereits geschmeckt.
  Deine Seele lebt bei Jesu hocherfreuet,
  Bis dein Leib, auch wieder schon verneuet,
  Zu derselben Freude wird erweckt.

Nach den kurzen Lebenstagen, Haben Engel dich getragen
In des Heilands Arm und Schooß: Kindlein, ja, dein Glück ist groß.

  Hier ruht ein kleines Kindelein
  Von wenig Tagen (Monden), zart und fein.
  Nun ist es alles Elend los
  Und ruhet sanft in Gottes Schooß.

  Nun lieg' ich armes Würmelein,
  Und ruh' in meinem Kämmerlein:
  Ich bin durch einen sanften Tod
  Entgangen aller Angst und Noth.

Ich hab' nach kurzem Weh' und Leid In diesem Jammerthal
Den Eingang gefunden zur Seligkeit
Im himmlischen Ehrensaal.

Hier netzen wir mit Thränen Der lieben Kindlein Grab;
Im Himmel legt man Grämen Sammt aller Trauer ab.

Von Erdenlust und Erdenleid Hab' ich zwar nichts erfahren;
Dafür wohn' ich in Herrlichkeit Bei sel'gen Engelsschaaren.

Von Erdenfreud' und Erdenleid Ward'st du dir nichts bewußt;
Dort wohnst du nun in Herrlichkeit Und sel'ger Himmelslust.

Hier ruht ein sel'ges Kindelein;
In Jesu Namen schlief es ein,
Und ist durch einen sanften Tod
Entgangen aller Angst und Noth.

Mit Weinen ward ich erst geboren,
Zum Jauchzen bin ich nun erkoren:
Ich singe mit der Engelschaar
Das ewig neue Jubeljahr!

Nun, liebstes Kindlein, geh' zur Ruh'!
Dein Heiland schließet nach dir zu.
Er, der dich nun mit Erde deckt,
Ist's auch, der dich einst auferweckt.

---

c. Für ältere (Schul-)Kinder.

217. (53. 195. 385.)

Jer. 31, 3. „Ich habe dich je und je geliebet ꝛc."

Ich war der Mutter Trost Und meines Vaters Freude;
Gott aber liebt mich mehr, als meine Eltern beide.

Mein Jesus, Er, mein Heiland, Hat's wohl mit mir gemacht,
Daß er zur sel'gen Heimath Sein Kind so früh gebracht.

Herr Jesu Christe! hilf du mir,
Daß ich ein Zweiglein bleib' an dir,
Und nachmals mit dir aufersteh',
Zu deiner Herrlichkeit eingeh'!

218. (68. 198. 212.)

Matth. 9, 24. „Das Mägdlein ist nicht todt, sondern es schläft."

Ach, weinet nicht! Das Mägdlein ist nicht todt,
Es schläft hier nur im Grabeskämmerlein;
Nach kurzer Rast geht auf des Herrn Gebot
Die Schläferin zur Himmelsfreude ein.

Jairi Tochter, als ob sie schlief',
Weckt Jesus auf, indem er rief:
"Talitha kumi!" — Der das vermag,
Weckt auch mich auf am jüngsten Tag.

Schlaf sanft, herzliebes Töchterlein,
Hier eine kleine Zeit.
Bald weckt dein liebes Jesulein Dich auf zur Herrlichkeit.

Klagt nicht, als ob's gestorben wär, Das liebe Töchterlein.
Es schläft ja nur; bald weckt's der Herr Und führt's zum Himmel ein.

Schlaf' sanft in stiller Kammer, Herzliebes Töchterlein!
Dich ängstet nun kein Jammer, Du weißt von keiner Pein!
Bald rufet Christi Stimme: „Ihr Todten, stehet auf!"
Dann führt er uns zusammen Zum auserwählten Hauf!

219.

Luc. 2, 49. „Wisset ihr nicht, daß ich sein muß in dem, das meines Vater ist?"

Auf Erden mocht' ich nicht mehr sein, In diesem Jammerthal,
Drum holte mich mein Jesus heim In seinen Freudensaal.

Ich scheide nur auf Wiederseh'n Ins sel'gen Vaterhaus.
Vom Jammerthal zu sel'gen Höh'n Eil' ich euch nur voran.

220.

Joh. 1, 29. „Siehe, das ist Gottes Lamm, welches der Welt Sünde trägt"

Herr Jesu, dir leb' ich; Herr Jesu, dir sterb' ich;
Herr Jesu, dein bin ich Todt und lebendig;
Mache mich ewig selig! Amen.

O Jesu, Gottes Lämmelein, Ich leb' oder sterb', so bin ich dein;
Ich bitt', laß mich mit dir zugleich Ein Erbe sein in deinem Reich.

221. (233. 252.)

Joh. 1, 7. „Das Blut Jesu Christi, des Sohnes Gottes, macht uns rein von aller Sünde."

Mein Heiland, du bist mir zu gut Ein Kindelein gewest,
Und hast mich durch dein theures Blut Von aller Sünd' erlöst.

Christi Blut und Gerechtigkeit, rc.

(siehe unter Nr. 48.)

Mein Kind eilt' der Heimath zu In dem Himmel droben,
Da wird es nun Jesum Christ Ohne Ende loben.

O, wie ist mir nach des Todes Wehen,
Theure Eltern, jetzt so leicht und wohl!
Trauert nicht, ihr sollt mich wiedersehen
Droben, wo kein Tod uns trennen soll.

Kinderseelen, die dem Herrn Wohlgefällig sind,
Führet er in Gnaden gern Früh aus aller Sünd'.
Durch den Tod aus Noth und Schmerz, Legt sie an sein Vaterherz.

Du blühtest — eine Blume, Die man mit Freuden sah —
Zu deines Schöpfers Ruhme; Nun bist du nimmer da —.
Im Paradiesesgarten Prangst du in neuer Pracht,
Wohin nach kurzem Warten Dein Heiland dich gebracht.

Wohl dir! dein Seelchen ist entbunden,
Du hast im Herren überwunden. Zeuch hin, mein Kind!

Zeuch hin, mein Kind! im Himmel findest du,
Was dir die Welt versagt,
Denn nur bei Gott ist wahre Freud und Ruh,
Kein Schmerz die Seele plagt.

Verzage nicht, Mama, Ich mußte ja zu Jesu geh'n;
Wie schön, wie schön ist's da; Da wollen wir uns wiederseh'n.

Verzage nicht, Mama! Sieh, bleib' ich nicht dein liebes Kind
Im Himmel auch, Mama? Ich bin ja, wo die Engel sind

Verzage nicht, Mama! Mein lieber Jesus tröstet dich
So süß und freundlich ja! O Mama, weine nicht um mich;
Du weißt ja, was mein Jesus spricht:
Sei nur getrost, verzage nicht!

---

d. Für ein einziges Kind.
222.

1 Samuel 1, 28. „Darum gebe ich ihn dem Herrn wieder, weil er dem
Herrn erbeten war."

223.

Lucas 7, 12 f. „Er war ein einiger Sohn seiner Mutter, und sie war eine
Wittwe. Und der Herr sprach zu ihr: „Weine nicht!"

Jesus Christus kann das Leben Selbst den Todten wiedergeben,
Sieht die Mutter an und spricht Voll Erbarmen: „Weine nicht!"

Reißt mir der Tod das Liebste hin, Spricht Jesus: Weine nicht!
Ich selbst dein bester Tröster bin, Führ' dich aus Nacht zum Licht.

Mein Kind, mein liebes einz'ges Kind Hat mir der Tod entrissen,
Ich hoffte viel und freute mich Und Sarg und Grabmal sehe ich;
Doch, mein Gott wird's wohl machen.

Dem Vater und der Mutter mein War ich ein liebes Töchterlein;
Gott aber, dem ich lieber war, Der nahm mich auf zur Engelschaar.

Dort, wo in lichtem Himmelsglanze Ein selig Erbe dich beglückt —
Dort, wo mit schönem Ehrenkranze Dein Heiland dir die Schläfe schmückt-
Dort wollen, herzliebe Tochter mein, Wir unzertrennlich beisammen sein.

Mir starb mein einzig's Töchterlein, Ich trug es hier zu Grabe.
Doch will ich nicht zu traurig sein, Weil ich die Hoffnung habe:
Daß ihm der Tod zum Leben ward, Dieweil es starb nach Christenart.
Oder: Daß seine Seel' verkläret ward Der Leib der Auferstehung harrt.

Für ein Erstlingskind.

Mein sel'ges Kind, wie hast du's gut!
Was uns als Leib hier ist bescheeret,
Schau'st du im Himmel hell verkläret,
Und preisest Gott, der wohlgewogen
Dich frühe schon zu dir gezogen.
(Mein Erstling, ach mein Fleisch und Blut, Ja, du hast's gut!)

Für Emma M. D.,

Töchterlein des Herrn L. Lange, Sen., und dessen Ehefrau Margarethe, gestorben
den 24. März 1883.
Von Dr. C. F. W. Walther.

„In Jesu Wunden schlaf ich ein," Sprach euer herzes Töchterlein,
D'rauf ist sie sanft entschlafen, Weilt nun bei Jesu Schafen.

Der Hirt, der sich das Lamm erkauft Und es mit seinem Blut getauft,
Hat es schnell heimgetragen Nach kurzen Lebenstagen.

Er sah Gefahr dem Schäflein droh'n, Drum rief er hoch von seinem Thron:
„Ich habe dich erkoren, Du sollst nicht sein verloren."

„Komm, liebes Schäflein, komm geschwind,
Ich will dich tragen sanft und lind
In meinen Himmelsgarten, Wo Engel deiner warten."

In ew'ger Jugend weidet's dort Auf grüner Au nun fort und fort,
Trinkt aus dem Strom der Freude In Gottes ew'gem Heute.

O Eltern, hemmt der Thränen Lauf Und blickt im Glauben himmelauf!
O hört! schon singt sie fröhlich: Gott Lob, nun bin ich selig!

Folgt ihrem Kindesglauben nach, So werdet ihr an jenem Tag
Auch wieder mit Entzücken An euer Herz sie drücken.

(Abendsch, 29, 497.)

---

e. Für ungetauft verstorbene und todtgeborne Kinder.

224. (4. 188.)

2 Samuel 12, 23. „Ich werde wohl zu ihm fahren 2c. 2c."

Wir sagen, gleich wie David spricht:
Wir denken wohl zu ihm zu fahren;
Zu uns zurück kommt das Kind nicht.
Auf Erden blieb es ungenannt,
Doch ist sein Name Gott bekannt.

225. (263.)

Hiob 8, 9. „Unser Leben ist ein Schatten auf Erden."

Gott kennt das arm' Gewächte Und weiß, wir sind nur Staub,
Gleichwie das Gras von Rechte, Ein' Blum' und fallend Laub,
Der Wind nur d'rüber wehet, So ist sie nimmer da;
Also der Mensch vergehet, Sein End' das ist ihm nah'.

226.

Ps. 102, 29. „Die Kinder seiner Knechte werden bleiben, und ihr Same wird vor dir gedeihen."

227.

Ps. 115, 14. „Der Herr segne euch je mehr und mehr, euch und eure Kinder."

228. (70.)

Matth. 18, 11. „Des Menschen Sohn ist kommen 2c."

229.

Matth. 18, 14. „Es ist vor eurem Vater nicht der Wille, daß Jemand von diesen Kleinen verloren werde."

230.

Joh. 6, 39. „Das ist aber der Wille des Vaters, der mich gesandt hat, daß ich nichts verliere von allem, das er mir gegeben hat, sondern daß ich's auferwecke am jüngsten Tage."

231.

Act. 2, 39. „Euer und eurer Kinder ist diese Verheißung."

232.

1 Tim. 1, 15. „Das ist je gewißlich wahr, und ein theuer werthes Wort, daß Jesus Christus kommen ist in die Welt, die Sünder selig zu machen."

233. (221. 252.)

1 Joh. 1, 7. „Das Blut Jesu Christi 2c."

Auch für die Kinderlein, Daß sie nicht werden verloren.
Ward Jesus Mensch geboren; D'rum sie sein eigen sein.

Was Jesus spricht, Das bricht er nicht.

Was lebt, das stirbt durch Adams Noth,
Was stirbt, das lebt durch Christi Tod.

Gottes Gnade, Jesu Verdienst, des heiligen Geistes Kraft
Führe dich (und mich) ins ewige, selige Leben!

Auf Erden bliebst du ungenannt; Doch ist dein Name Gott bekannt.

Der treue Heiland, der uns selig macht,
Der hat in Gnaden auch dein Heil bedacht.

Glaubt, Eltern, daß ich selig bin,
So werden Schmerz und Thränen flieh'n.

Die Welt mit dem was in ihr ist, Blieb mir zwar unbekannt;
Dafür erquickt mich Jesus Christ Im sel'gen Vaterland.

Den Glanz der Sonne dieser Welt Sollt' ich zwar nicht erblicken,
Dafür soll mich im Himmelszelt Viel schön're Pracht entzücken.

---

f. Für Confirmanden und kürzlich Confirmirte.

234.

Pf. 28, 29. „Ich will ihm ewiglich behalten meine Gnade, und mein Bund
soll fest bleiben."

Ewig steht der Liebesbund, Den Gott hat mit uns getroffen;
Seine Gnade weichet nicht, Sein Herz steht uns ewig offen.

235. (265.)

Pf. 89, 46. „Du verkürzest die Zeit seiner Jugend."

Gott nahm dich früh aus dieser Zeit; Doch ist dir wohl geschehen:
Du kamst in jene Herrlichkeit, Wo Friedenspalmen wehen.

236. (46. 433.)

Jef. 43, 1. „Fürchte dich nicht, denn ich habe dich erlöset; ich habe dich bei
deinem Namen gerufen; du bist mein."

Gott Lob! daß er mich seine nennt, Und ihn mein Herz als mein erkennt.

Mein Gott, im Leben war ich dein, Dein will ich auch im Tode sein.

Die höchste Gerechtigkeit ist mir erworben,
Da du bist am Stamme des Kreuzes gestorben,
Die Kleider des Heils ich da habe erlangt,
Darinnen mein Glaube in Ewigkeit prangt.

237.

Jef. 43, 11. „Ich, ich bin der Herr, und ist außer mir kein Heiland."

Mitten wir im Leben sind Mit dem Tod umfangen.
Wen suchen wir, der Hülfe thu', Daß wir Gnad' erlangen?
Das bist du, Herr, alleine.

Jesu, dir leb' und sterb' ich gern; Denn du hast mich erkauft.
Ich weiß und will sonst keinen Herrn: Auf dich bin ich getauft.

O Jesu, Gottes Lämmelein, Ich leb' oder sterb', so bin ich dein.
Ich bitt', laß mich mit dir zugleich Ein Erbe sein in deinem Reich.

238.

Jef. 44, 21. „Ich habe dich zubereitet, daß du mein Knecht seiest; Israel, vergiß mein nicht."

Wenn alle untreu werden, So bleib' ich dir doch treu,
Daß Dankbarkeit auf Erden Nicht ausgestorben sei.
Für mich umfing dich Leiden, Vergingst für mich in Schmerz;
Drum geb' ich dir mit Freuden Auf ewig dieses Herz.

239. (49.)

Jef. 54, 10. „Es sollen wohl Berge weichen ꝛc."

Weicht, Berge, weicht! Fallt hin, ihr Hügel!
Mein Glaubensgrund hat dieses Siegel: Gott ist getreu!

Nun hab' ich erst in seinen Wunden Die rechte Friedensstatt gefunden,
Nun weiß ich erst wie er mein eigen, Wie er als Freund sich will bezeigen,
Wie seinen Bund er ewig hält, Ob alles weicht und alles fällt.

240. (54.)

Jer. 31, 20. „Ist nicht Ephraim mein theurer Sohn und mein trautes Kind?"

Du hast mich in der Taufe schon zu eigen angenommen,
Da bist du von dem höchsten Thron Zu mir herabgekommen,
Zum Tempel hast du dir mein Herz erwählt.

Ich glaub' es darum ganz gewiß Und darf es frei bekennen:
Du, der mich Satans Reich entriß, Wirst dich von mir nicht trennen.
Du bleibest meiner Seele treuer Herr,
Fällt auch der Leib dahin: was will ich mehr?

Erlöst hast du mich, durch dein Blut Gewaschen, neugeboren,
Getauft, nahmst mich in deine Hut: So bin ich nicht verloren.

241.

Hesekiel 16, 60. „Ich will aber gedenken an meinen Bund, den ich mit dir
gemacht habe zur Zeit deiner Jugend."

Du bist mit Christi Blut besprenget
Dereinst am Tage deiner Tauf',
Christus hat sich dir ganz geschenket,
Dich zu seinem Kind genommen auf,
Er hat sich mit dir gar vermählt,
Dich Auserwählten zugezählt.

Du hast mit ihm den Bund geschlossen,
Daß er nur dein und du nur sein,
Weil für dich ist sein Blut geflossen,
So bleib' sein Eigenthum allein!
Denn seine Gnade weichet nicht,
Und wenn auch Erd' und Himmel bricht.

242.

Matth. 24, 13. „Wer beharret bis ans Ende, der wird selig."

Gott nimmt mich auf zu Gnaden, Zum Erben in sein Reich.
Der Tod kann mir nicht schaden, Ich bin den Engeln gleich.

Darum beten wir und glauben: Was Gott thut, ist wohlgethan!
Wer mag doch die Krone rauben Dem, der geht des Heilands Bahn?

Sterb' ich auch früh, ich sterb' im Glauben,
Ich sterbe Jesu, der mich liebt.
Nichts wird mich seinen Händen rauben;
Darum, ihr Eltern, unbetrübt.

243. (200. 214.)

Marc. 16, 16. „Wer da glaubet und getauft wird, der wird selig."

Wer glaubt, wird selig sein; Drum geh' ich nicht verloren.
Weil ich bin neugeboren, Geh' ich zum ew'gen Leben ein.

Freudig sag' ich, wenn ich sterbe: Ich bin ein getaufter Christ!
Denn das bringet mich zum Erbe, Das im Himmel droben ist.

244. (77.)

Luc. 10, 20. „Freuet euch, daß eure Namen im Himmel geschrieben sind."

Schreib' meinen Nam'n aufs beste Ins Buch des Lebens ein,
Und bind' mein' Seel' fein feste Ins schöne Bündelein,
Der'r die im Himmel grünen, Und vor dir leben frei,
So will ich ewig rühmen, Daß dein Herz treue sei!

245.

Joh. 15, 16. „Ihr habt mich nicht erwählet, sondern ich habe euch erwählet"

Das hab ich von der Gnadenwahl, Daß ich im Glauben steh'
Und in der Gottes Kinder Zahl Dereinst ins Leben geh'.
Nur dieses weiß und kenne ich: In Christo hat Gnad' erwählet mich.

246.

Röm. 8, 24. „Wir sind wohl selig, doch in der Hoffnung."

247.

Röm. 8, 25. „So wir aber deß hoffen, das wir nicht sehen, so warten wir sein durch Geduld."

Das Weizenkorn ist in sein Beet Auf Hoffnung schöner Frucht gesät.

Hier wird die Saat gestreut,
Und dort, wenn sie gedeiht,
Wird reiche Ernte sein.

Nach gläub'ger Christen Weise Hast du vollbracht die Reise,
Und bist im Heimathland, Wonach dein Hoffen stand.

248.

Gal. 3, 17. „So viel euer getauft sind, die haben Christum angezogen."

Das Grab ist mir ein Kämmerlein, Da ich im Frieden liege,
Weil durch des Heilands Todespein Ich Tod und Grab besiege.

249.

Eph. 1, 5. 6. „Gott hat uns verordnet zur Kindschaft gegen ihn selbst, durch
Jesum Christ, nach dem Wohlgefallen seines Willens, zu Lob
seiner herrlichen Gnade, nach welcher er hat angenehm gemacht
in dem Geliebten."

Das weiß ich aus dem Worte sein, Durch seines Geistes Kraft,
Daß Christi Blut und Gnad' allein Mir Heil und Leben schafft.
Kein drittes weiß und kenne ich, Drauf leb' und sterb' ich seliglich.

250.

1 Theff. 5, 24. „Getreu ist er, der euch rufet, welcher wird es auch thun."

Dein Wort, dein Tauf' und dein Nachtmahl
Tröst't mich in diesem Jammerthal:
Da liegt mein Schatz begraben!

Sein Wort, sein' Tauf', sein Nachtmahl Dient wider allen Unfall;
Der heil'ge Geist im Glauben Lehrt uns darauf vertrauen.

251.

Tit. 3, 5. „Nach seiner Barmherzigkeit machte uns Gott selig durch das Bad
der Wiedergeburt und Erneurung des heiligen Geistes."

Mit Fried' und Freud' fahr' ich dahin: Ein Gotteskind ich allzeit bin.

Lieg' ich gleich im Todesstaube, So versichert mich der Glaube,
Daß mir auch der Taufe Kraft Leib und Leben wieder schafft.

252. (221. 233.)

1 Joh. 1, 7. „Das Blut Christi Jesu rc."

In Jesu Wunden schlaf' ich ein, Die machen mich von Sünden rein.

Christi Blut und Gerechtigkeit rc. (siehe unter No. 48.)

Ich hab' in Christi Blut und Tod Gerechtigkeit gefunden,
Dadurch hab' ich in letzter Noth Auch siegreich überwunden.

Herr Jesu, laß mich, wenn ich muß erbleichen,
Durch dich im Tod die Seligkeit erreichen!

Wenn endlich ich soll treten ein In deines Reiches Freuden,
So soll dies Blut mein Purpur sein, Ich will mich darein kleiden.

253.

1 Joh. 2, 28. „Kindlein, bleibet bei ihm!"

Herr, halte fest, wer an dich gläubt,
Ruf' ihn'n stets zu: „O Kindlein, bleibt!"

254.

Ebr. 12, 22. f. „Ihr seid kommen zu dem Berge Zion, und zu der Stadt
des lebendigen Gottes, und zu der Gemeine der Erstgebor-
nen, die im Himmel angeschrieben sind."

Gehabt euch wohl, ihr Lieben! Müßt ihr euch jetzt betrüben,
    Denkt: Dort wird Freude sein!

Nein, nein, das ist kein Sterben: Ein Himmelsbürger sein,
Beim Glanz der ew'gen Kronen In sel'ger Ruhe wohnen,
    Erlöst von Noth und Pein.

Welch' große Gnade hab' ich doch empfangen:
In's Himmelreich, in das nach mancher Pein
Und langen Qualen viele erst gelangen,
Führt mich der treue Heiland jetzt schon ein.

255.

Offenb. 3, 11. „Siehe, ich komme bald. Halte, was du hast, daß Niemand
deine Krone raube."

Ich sterbe schon, o, wohl, ich sterbe, Damit ich ewig leben kann.
Daß ich nicht in der Welt verderbe, Nimmt mich mein Gott mit Ehren an.

Halt', was du hast! ob Trübsal käme, Ob Satan, Welt und Fleisch ansicht,
Bleib' Christo treu und weiche nicht, Daß niemand deine Krone nehme!

    „Halt', was du hast!" — O goldne Worte!
    Kind, schreib' sie tief dir in dein Herze ein.
    Halt' deinen Jesum, der zur Herzenspforte
    Einst durch die Taufe zog zu dir hinein.

    „Halt', was du hast!" — Halt' den, der dich beseelte,
    Dem am Altar du schwurest ew'ge Treu',
    Der da mit deiner Seele sich vermählte,
    Den Bräutigam, deß' Liebe ewig neu.

    „Halt', was du hast," — Halt fest an deinem Glauben,
    Der schmiegt sich eng an Gottes Gnadenthron,
    Damit dir Niemand deine Krone rauben,
    Dich scheiden kann von Christo, Gottes Sohn.

256.

Offenb. 3, 20. „Siehe, ich stehe vor der Thür, und klopfe an. So Jemand
meine Stimme hören wird und die Thür aufthun, zu dem
werde ich eingehen, und das Abendmahl mit ihm halten, und
er mit mir."

Kann uns doch kein Tod nicht tödten, Sondern reißt unsern Geist
Aus viel Tausend Nöthen; Schleußt das Thor der bittern Leiden,
Und macht Bahn, Da man kann Geh'n zu Himmelsfreuden.

g. **Für mehrere Kinder gemeinsam.**

257.

1 Mof. 43, 14. „Ich muß sein wie einer, der seiner Kinder gar beraubet ist."

Für deinen Himmel reiften sie, Ach, meinem Wunsch nach viel zu früh
Doch, Herr, Dein Will' geschehe!

258.

Spr. 17, 6. „Der Alten Krone sind Kindeskinder."

Ihr habt das himmlische Erbe erlangt, Ihr glänzet in seligem Licht.
Dahin, wo ihr in Herrlichkeit prangt, Sei auch unsere Hoffnung gericht't.

Ihr ginget gemeinsam zur Ruhe ein,
Gemeinsam werdet ihr aufersteh'n.
So schlaft denn wohl, liebe Kinderlein!
Im Himmel woll'n wir uns wiederseh'n.

259.

Jef. 40, 11. „Er wird die Lämmer in seine Arme sammeln, und in seinem Busen tragen."

Zu Jesu hin die Kleinen geh'n, Hin, wo die Engel jauchzend steh'n.

Dort weilen froh die Lämmerheerden, Der treuste Hirte führt sie an.
„Nicht eines soll verloren werden!" So ruft der theure Schmerzensmann.

260.

Baruch 4, 19. „Ziehet hin, ihr lieben Kinder, ziehet hin, ich aber bin verlassen einsam."

261.

Baruch 23. „Ich habe euch ziehen lassen mit Trauern und Weinen, Gott
aber wird euch mir wiedergeben mit Wonne und Freude ewiglich."

Zieht hin, ihr lieben Kinder, zieht! Und, wollte Gott! ich zöge mit,
Mit Gott ins ew'ge Vaterland, Das Jesu Gnad' euch zugewandt!

Früh hat sie der Herr gernsen Zu des Himmels sel'gen Höh'n;
An des Gnadenthrones Stufen Hofft der Glaube Wiederseh'n.

Wie ist euch doch so wohl gescheh'n, Ihr sel'gen Kinderlein,
Daß euch der Herr hat auserseh'n Nur stets um ihn zu sein.

Auf Erden kanntet ihr euch nicht, Ihr herzig lieben Kindelein;
Doch dort vor Jesu Angesicht Sollt ewig ihr vereinigt sein.

Hier ruht ein liebes Schwesternpaar (Geschwisterpaar)
In stiller und friedlicher Gruft
Bis einst durch seiner Engel Schaar
Der Herr zum (ew'gen) Leben ruft.

262. (457.)

Ebr. 2, 13. „Siehe da, ich und die Kinder, welche mir Gott gegeben hat."

O wie ist uns nun so wohl! Wir sind alles Trostes voll,
Wir sind aller Angst entbunden, Alles Leiden ist verschwunden.

Ewig, ewig werden wir In dem Paradies allhier
Mit einander jubilieren Und ein eng'lisch Leben führen.

2. Für junge Leute.

263. (225.)

Hiob 8, 9. „Wir sind von gestern her 2c."

Gott ist's, der unser Ziel bestimmt, Und Alt' und Junge zu sich nimmt.
Glaubt, Eltern, daß ich selig bin, So werden Schmerz und Thränen flieh'n.

264.

Pf. 37, 4. „Habe deine Lust an dem Herrn, der wird dir geben, was dein
Herz wünschet."

Was wünscht das Menschenherz hienieden?
Ist's Jesus Christus und sein Heil?
Ist's Seelenruh' und Herzensfrieden?
Verlangt es nach dem besten Theil?
O suche Jesum und sein Licht!
Alles andre hilft dir nicht.

265. (235.)

Pf. 89, 45. „Du verkürzest die Zeit seiner Jugend."

266.

Pf. 103, 15. f. „Der Mensch ist in seinem Leben wie Gras, er blühet wie
eine Blume auf dem Felde. Wenn der Wind darüber geht,
so ist sie nimmer da, und ihre Stätte kennet sie nicht mehr."

Gleichwie Gras, wie Blumen blühen —
Ein Windstoß — hin sind Freud' und Mühen,
Der schwache Odem stille steht.
Früh aus unserm Kreis gerufen,
Entfloh dein Geist auf jene Stufen,
Dahin auch uns're Wallfahrt geht.

267. (32.)

Pf. 103, 17. f. „Die Gnade aber des Herrn währet 2c."

Ja, des Heiland's Gnade währet Für die, die seinen Bund geehret,
Von Ewigkeit zu Ewigkeit. Herr, so hilf uns, dir ergeben
In Freud' und Leid nur dir zu leben, Bis uns vereint die Seligkeit.

Die Gottesgnad' alleine Bleibt stät und fest in Ewigkeit
Bei sein'r lieben Gemeine, Die steht in seiner Furcht bereit,
Die seinen Bund behalten. Er herrscht im Himmelreich.

268.

Pred. 12, 1. „Gedenke an deinen Schöpfer in deiner Jugend."

Vielleicht ist heut' der letzte Tag! Wer weiß, wie man noch sterben mag!

269.

Joh. 17, 3. „Das ist das ewige Leben, daß sie dich, daß du allein wahrer Gott bist, und den du gesandt hast, Jesum Christum erkennen."

Wer Jesum Christum recht erkennt, Hat seine Zeit wohl angewend't.

Das ist des Lebens rechter Brauch, Da man dem Herren lebt,
Da man von früher Jugend auf Nur nach dem Himmel strebt.

Kommt dann das Lebensziel heran, Gleichviel, ob früh, ob spat,
So führt der Tod nur himmelan Zur sel'gen Gottesstadt.

270.

2 Cor. 4, 18. „Was sichtbar ist, das ist zeitlich; was aber unsichtbar ist, das ist ewig."

Zeitlich ist all Kreuz und Leiden Ewig sind die Himmelsfreuden.

Alles Ding währt seine Zeit, Gottes Lieb' in Ewigkeit.
Ein jeder denke Tag für Tag, Wie er auch selig sterben mag.

Die Welt konnt' mir nicht geben, Was mir nun wird zu Theil:
Nun labt mich sel'ges Leben, Erquickt mich ew'ges Heil.

271.

1 Petr. 1, 24. „Alles Fleisch ist wie Gras, und alle Herrlichkeit des Menschen, wie des Grases Blume; das Gras ist verdorret und die Blume abgefallen."

Daß ich das Grab muß sehen, Zeigt unsern schwachen Stand;
Daß es so bald geschehen, Thut Gottes Vaterhand.

Gott wird das Leid euch stillen; Ich sterbe nicht zu jung:
Wer stirbt nach Gottes Willen, Der stirbt schon alt genung.

Betracht' es oft, o Menschenkind: Kurz ist die Zeit, der Tod geschwind.

Kurz nur waren jene Freuden, Die dir bot die Zeitlichkeit;
Möge Christus dich nun weiden In der sel'gen Ewigkeit.

Am Morgen blüht und glänzt die Blume, Und fällt schon oft am Morgen ab.
So sinkt mit seinem Glück und Ruhme, Eh' er es denkt, der Mensch ins Grab.

Jugend, die den Rosen gleicht, Die verbleicht;
Ihre Schönheit muß verschwinden.
Es vergeht durch Todesnacht Alle Pracht,
Die wir an den Menschen finden.
Unser Leben flieht behende: Mensch bedenke doch das Ende!

272.

1 Joh. 2, 15. „Habt nicht lieb die Welt, noch was in der Welt ist."

273. (170.)

1 Joh. 2, 17. „Die Welt vergehet mit ihrer Lust."

Was du ewig liebst, ist ewig dein.

Eitel ist, was sich erkiest,   Diese Welt mir nicht gefällt
Hier ein Mensch in seinem Herzen,   Dort ist noch ein ander Leben,
Eitel Angst und Schmerzen.   Darnach thu' ich streben.

Weg, weg, was hier zur Weide, Zur Lust der Welt nur geht!
Nur das sei meine Freude, Daß dort mein Name steht.

Lernet dieser Welt ersterben, Ehe euch erstirbt die Welt,
Daß ihr könnt das Neue erben, Wenn das Alte hier zerfällt.

Für der Welt ihr Wesen Hab' ich mir erlesen
Nur die Himmelsfreud', Und dahin steht mir der Sinn;
Stetig hab' ich die Gedanken In den Himmelsschranken.

Ach, du so arme Welt! Was ist dein Gold und Geld
Hier gegen diese Kronen Und mehr als güldne Thronen,
Die Christus hingestellet Dem Volk, das ihm gefället.

Die Welt vergeht mit ihrer Lust, Vergeht mit ihrem Leid;
Nur wer den Willen Gottes thut, Der bleibt in Ewigkeit.

Einem frommen Jüngling.

274.

Hiob, 7, 6. „Meine Tage sind leichter dahingeflogen, denn eine Weberspule,
und sind vergangen, daß kein Aufhalten dagewesen ist."

Kurz war dein Erdenleben,
Ein besseres wird dir geben Gott in der Ewigkeit.

Nur kurz war meine Lebenszeit Dort in dem Thränenthal.
Gott führte mich zur Seligkeit Ein in den Himmelssaal.

275.

Ps. 37, 18. „Der Herr kennt die Tage der Frommen, und ihr Gut wird ewiglich bleiben."

Gott eilet mit den Seinen, Läßt sie nicht lange weinen
In diesem Thränenthal. Denn schnell und selig sterben,
Heißt schnell und glücklich erben Des schönen Himmels Ehrensaal.

276.

Pf. 119, 9. „Wie wird ein Jüngling seinen Weg unsträflich gehen? Wenn er sich hält nach deinen Worten."

Jesu Wort war sein Panier: Jesus dort und Jesus hier.
Er hatte Jesum lieb; Das Wort des Herrn war seine Lust.
Aus reinem Liebestrieb Zog Jesus ihn an seine Brust.

„Wie wird ein Jüngling seinen Weg unsträflich gehen?
Wenn er sich hält nach deinem Wort."
Damit ich in der Irr' nicht möcht' verloren gehen,
Nahm Jesus mich an einen sichern Ort.

277. (59.)

Weish. 4, 7. „Der Gerechte, ob er gleich zu zeitlich stirbt ec."

Zwar bist du früh geschieden Vom Kreise deiner Lieben
Aus deiner Pilgerzeit; Doch wohnst du nun in Frieden,
Erlöst vom Leib hienieden In sel'ger Ewigkeit.

Wohl dir, du hast die Heimath bald gefunden,
Bist angelanget an dem sel'gen Ort,
Hast allen Jammer siegreich überwunden
Durch Jesum Christum und sein seligmachend Wort.

278. (420.)

Weish. 4, 14. „Seine Seele gefällt Gott; darum eilet er mit ihm aus diesem bösen Leben.

Mit Gott gingst siegreich du durch's dunkle Todesthal
Ein zu der sel'gen Ruh' im Himmels-Freudensaal.
(Siehe auch den Reim zu Pf. 37, 18 No. 275.)

(Sohn neben dem Vater.)

Du hast viel erduldet; schwere Erdenleiden
Führten dich aus unser'm Kreis in's frühe Grab.
Doch nun ruhst du sanft beim Vater voller Freuden
Und dein Jesus trocknet deine Thränen ab.

Einer frommen Jungfrau.

279. (413.)

Pf. 39, 6. „Siehe, meiner Tage sind einer Hand breit bei dir, und mein Leben ist wie nichts vor dir."

Einmal nur erblühet, Ach, und bald entfliehet
Uns're Jugendzeit. Sorglos sie versäumen
Und das Heil verträumen Bringt viel bitt'res Leid:
Wer nicht wird neugeboren, Ist ewiglich verloren.

280.

Pf. 42, 12. „Was betrübest du dich, meine Seele, und bist so unruhig in mir?
Harre auf Gott; denn ich werde ihm noch danken, daß er meines
Angesichtes Hilfe und mein Gott ist."

Herr Jesu, wann es dir gefällt Nimm mich zu dir in's Himmelszelt.

(Tochter neben der Mutter.)

Ach, die arme Welt konnt' mir nicht geben,
Was mein verlangend Herz ersehnt;
Doch, Gott Lob! im sel'gen Himmelsleben
Nun Dank und Preis dem Herrn ertönt.
Mein Leib ruht an der Mutter Seit' —
Hier uns nun Gottes Hilf' erfreut.

281. (328.)

Matth. 25, 10. „Da kam der Bräutigam; und welche bereit waren, gingen
mit ihm hinein zur Hochzeit."

O selig, die bereitet stehn' Zur Lammeshochzeit einzugeh'n!

Ich bin bereit, mein Jesu Christ, zu sterben;
O komm', wie mir's verheißen ist, zu werben;
Statt Thränen und Qualen, Mög' es dir gefallen,
Mich mit des Himmels Brautkranz zu umstrahlen.

Jungfrauen ihr, ach gleichet Jenen, Die unter keuschem Glaubenssehnen
Den Seelenbräutigam verlangen! Entgegen seid ihr ihm gegangen —
Bleibt seiner Zukunft stets gewärtig, Und haltet klug die Lampen fertig.

282.

Luc. 1, 45. „O selig bist du, die du geglaubet hast!"

Eltern, Brüder, Schwestern weinet, Aber zagt und murret nicht:
Jenseits werden wir vereinet, Wenn das Herz nur gläubig bricht.

Gestillt ist nun dein Sehnen, Du theure Himmelsbraut (Jesusbraut)!
Getrocknet deine Thränen, Verhallt der Seufzer Laut.
Der hier im Thal der Thränen Dein Ein und Alles war,
Den schaust du nun mit Freuden Und lobst ihn immerdar.

Ich seh' so lieblich prangen Den liebsten Jesum mein,
An dem hab' ich gehangen Im Glauben dort allein.
Nun ist mein Glaub' in's Schauen Verwandelt, o, so bald!
Bin in des Himmels Auen, Wo Hochzeitsjubel hallt.

283. (78.)

Luc. 10, 42. „Eins aber ist noth! Maria hat das gute Theil erwählet, das
soll nicht von ihr genommen werden."

Wer Jesum erküret, Hat Alles erkoren,
Wer Jesum verlieret, Hat Alles verloren.

Unmöglich ist's, o merk's vor Allen: Ohn' rechten Glauben Gott gefallen.

Das, was ich hier gegläubt, Das steht gewiß und bleibt
Mein Theil, dem gar nicht gleichen Die Güter aller Reichen.
All ander Gut vergehet, Mein Erbtheil, das bestehet.

3. Für ältere Leute.

a. Ueberhaupt.

284.

1 Chron. 30, 15. „Wir sind Fremdlinge und Gäste vor dir, wie unsere
Väter alle.“

Hier ist unser Pilgrimstand, Droben unser Vaterland.

Himmelan geht unsere Bahn, Wir sind Gäste nur auf Erden,
Bis wir dort nach Canaan, Durch die Wüste kommen werden.

Selig sind, die Heimweh haben Nach dem Vaterlande,
Die nicht fesseln Glück und Gaben In dem Pilgerstande,
Die es heimelnd treibt zur Ruh, Heim, dem Vaterlande zu!

285.

Pf. 31, 16. „Meine Zeit stehet in deinen Händen.“

So pilgert man nach Väter Weise,
So lange Gott uns pilgern läßt;
Wenn man auch seufzt, bald laut, bald leise,
Bleibt stehen Gottes Wort doch fest:
Schließ ich mit Jesu meinen Lauf,
Nimmt Gott mich müden Pilger auf.

286.

Pf. 39, 13. „Ich bin beides, dein Pilgrim und dein Bürger, wie alle meine
Väter.“

In diesem Erbgetümmel, War ich nur Gast und Knecht:
Im freudenvollen Himmel, Da ist mein Bürgerrecht.

287. (29.)

Pf. 73, 24. „Du leitest mich nach deinem Rath ꝛc.“

Der Herr hat alles wohlgemacht! So heißt der Abendsegen
Der Wandrer, die er durchgebracht Auf unbekannten Wegen.
Und die nun an dem Ziele steh'n, Und schon den Ausgang vor sich seh'n
Aus diesem fremden Lande.

Was ich sehnlichst hab' begehret
Seit Jahren, ist mir nun gewähret.
Das Anschau'n Gottes, unsers Herrn.

288.

Pf. 90, 10. „Unser Leben währet 70 Jahre, und wenn es hoch kommt, so sind es 80 Jahre, und wenn es köstlich gewesen ist, so ist es Mühe und Arbeit gewesen; denn es fahret schnell dahin, als flögen wir davon."

Hier war nichts als Mühe, Arbeit spät und frühe:
Dort ist ew'ge Ruh'.

Mein Leben ist hie nichts auf Erd', Wenn es gleich viele Jahre währt.
Herr, hilf mir, daß ich das bedenk' Und mich in deine Gnade senk'!

289.

Weish. 4, 10. „Der Gerechte gefällt Gott wohl, und ist ihm lieb, und wird weggenommen aus dem Leben unter den Sündern."

Frieden werd' ich finden, Ledig sein von Sünden,
Und auf allen Seiten Nicht mehr dürfen streiten;
Mich soll ganz umgeben Himmlisch Freudenleben.

290. (149.)

Phil. 1, 23. „Ich habe Lust abzuscheiden, und bei Christo zu sein."

Ich hab' Lust abzuscheiden; Denn Sünd' und Eitelkeiten
Beschweren hier doch nur das Herz.
Da du bist hingegangen, Herr Jesu, mein Verlangen,
Da will ich hin; ich sehn' mich himmelwärts.

Laßt mich gehen, laßt mich gehen,
Daß ich Jesum möge sehen! Meine Seel' ist voll Verlangen,
Ihn auf ewig zu umfangen, Und vor seinem Thron zu stehen.

291. (164. 392.)

2 Tim. 4, 7. 8. „Ich habe einen guten Kampf gekämpfet ıc."

Nun ist mein Werk und Lauf vollbracht;
Welt, Sodom, Babel, gute Nacht!

Ihr' Wallfahrt ist zu Ende, Sie ist zum Ziel gelangt;
Durch Jesu treue Hände Hat sie die Ehrenkron' erlangt.

Mir ist beigeleget, Wo man Scepter träget,
Eine schöne Krone Zum Gnadenlohne;
Da werd' ich ergötzet Und zur Ruh' gesetzet.

Vor dem Lamm auf Gottes Throne Pranget nun auf deinem Haupt'
Die verheiß'ne Siegeskrone, Welche dir kein Tod mehr raubt.

Einen guten Kampf hab' ich Auf der Welt gekämpfet,
Und nun hat Gott gnädiglich Alle Feind' gedämpfet.

Nun ist meines Lebens Lauf seliglich vollendet,
Meine arme Seel' hinauf, Christo zugesendet.

b. Für Hochbetagte.

292.

1 Mof 25, 8. „Er starb in einem ruhigen Alter, da er alt und lebenssatt war und ward zu seinem Volk versammlt...."

Heil dir, o du Lebensmüde! Was so lang ersehnet du,
Gottes Friede, Gottes Friede Wird dir jetzt, und sel'ge Ruh'.

Hochbetagt bist du geschieden, Lebensmüde sankst du hin,
Hattest wenig Freud hienieden, Nach dem Himmel stand dein Sinn.
Droben bist für ewig du genesen
In dem Herrn, der stets dein Trost gewesen.

293.

1 Mof. 49, 18. „Herr, ich warte auf dein Heil!"

Mein Heiland, ich bin müde, Bring' du dein Kind zu Bett,
Und laß mich ruh'n im Friede, Wie ich's so gerne hätt':
Den Leib in stiller Kammer, Die Seel' in treustem Schooß,
Von allem Erdenjammer, Und Sündenarbeit los.

Ach, wer wollte sich nicht sehnen, Dort in Zion bald zu stehn,
Und aus diesem Thal der Thränen An den Freudenort zu gehn?
Wo das Kreuze sich im Palmen, Unser Klagelied in Psalmen,
Unsre Last in Lust verkehrt, Und das Jauchzen ewig währt.

294.

5 Mof. 34, 7. „Du bist im Alter zu Grabe gekommen. wie Garben eingeführt werden zu seiner Zeit."

Ich war der Erde müde, Die Seele wünscht' allein,
Daß sie in Ruh' und Friede Bei Jesu möchte sein,
Der mich zum Kind und Erben Des Himmels hat gemacht;
Drum konnt' ich freudig sterben Und sagen: Gute Nacht!

Hochbejahrt, im Wittwenschleier, Zog ich in's ferne Abendland,
Wo ich bald meine Abschiedsfeier Im Kreise treuer Kinder fand.
Jesus half zu seinem Preise Mir alsbald zur Himmelsreise.

295.

Pf. 136, 6. „Meine Seele wartet auf den Herrn, von einer Morgenwache bis zur andern."

Und ob es währt bis in die Nacht Und wieder an den Morgen,
So will ich doch an Gottes Macht Verzweifeln nicht, noch sorgen.

Der Pilger aus der Ferne Zieht seiner Heimath zu,
Dort leuchten seine Sterne, Dort sucht er seine Ruh'.

Den Pilger weckt hienieden Das Heimweh früh und spät,
Er sucht dort oben Frieden, Wohin sein Sehnen geht.

O schöner Tag und noch viel schön're Stund',
Wann wirst du kommen schier,
Da ich mit Lust, mit freiem Freudenmund
Die Seele geb' von mir In Gottes treue Hände
Zum auserwählten Pfand, daß sie mit Heil anlände
In jenem Vaterland?!

296.

Jef. 46, 4. „Ich will euch tragen bis in's Alter und bis ihr grau werdet.
Ich will's thun, ich will heben und tragen und erretten."

Bis in des Alters Tagen Hat mein Erlöser werth
Mich gnädiglich getragen, Mir sel'ges End' bescheert.

Niemals ganz gewichen ist dein Glaube
An die Liebe deß, der ewig lebt;
Selbst dem Tode nicht ward er zum Raube.
Gott sei Dank, der uns so hebt und trägt.

297.

Sir. 25, 8. „Das ist der Alten Krone, wenn sie viel erfahren haben, und ihre
Ehre ist, wenn sie Gott fürchten."

Thränen sätest du hienieden,
Harte Prüfung war dir zugedacht,
Stürme drohten deinem innern Frieden,
Dunkler ward um dich der Leiden Nacht.
Aber niemals wich er ganz, dein Glaube,
Selbst dem Tode nicht ward er zum Raube.

298.

Sir. 41, 3. „O Tod, wie wohl thust du dem Dürftigen, der schwach und
alt ist."

Dies Leben ist ein langer Tod. — Ein unbeflecktes Erbe
Ist nun mein Theil nach Müh' und Noth;
Ich lebe, da ich sterbe.

O wie wohl, wie wohl wird's thun, Ausgekämpft zu haben,
Und dann ewig auszuruh'n, Uns bei'm Herrn zu laben.

O Tod, wie wohl thust du Dem Dürftigen und Schwachen,
Dem, der matt ist und alt, Dem Sorgen Kummer machen,
Der Beß'res nicht mehr hofft, Noch zu gewarten hat,
Deß Bleibens hier nicht ist, Der sucht die künft'ge Statt.

299. (356.)

Luc. 2, 29. „Herr, nun lässest du deinen Diener in Frieden fahren wie du
gesagt hast; denn meine Augen haben deinen Heiland gesehen."

Ich glaub' und sterb' wie Simeon,
So wird Gott selbst mein großer Lohn.

In Frieden bin ich hingefahren,
Denn meine Augen gesehen haben
Den Heiland, Herr, von dir bereit't
Zum Licht der ganzen Christenheit.

Herr, nun laß im Friede Lebenssatt und müde
Deinen Diener fahren Zu den Himmelsschaaren,
Selig und im Stillen, Doch nach deinem Willen.

Gerne will ich sterben Und den Himmel erben;
Christus mich geleitet, Welchen Gott bereitet
Zu dem Licht der Heiden, Das uns setzt in Freuden.

Frieden werd' ich finden ꝛc.
(Siehe unter No. 289). Vergleiche S. 8.

300. (390.)

2 Cor. 4, 17. „Denn unsere Trübsal, die zeitlich und leicht ist, schaffet eine
ewige und über alle Maße wichtige Herrlichkeit."

Mit der gold'nen Ehrenkrone Steh' ich da vor Gottes Throne,
Schaue solche Freude an, Die kein Mensch beschreiben kann.

Lebet wohl, ihr meine Lieben! Laßt euch mein Scheiden nicht betrüben;
Bedenkt den seligen Gewinn, Der mir ward für die Gebrechen,
Für Leibeskrankheit, Altersschwächen, Davon ich nun genesen bin.

B. Für besondere Verhältnisse und Lebensumstände.

1. Für Eltern.

a. Dem Vater.

301. (2.)

1 Mos. 48, 21. „Siehe, ich sterbe, und Gott wird mit euch sein"

Nehmt diesen letzten Segen! Es wird gewiß geschehn,
Daß wir auf Zions Wegen Einander wiedersehn.

Fließen eurer Wehmuth Zähren Bei des lieben Vaters Tod,
Will der Schmerz euch ganz verzehren Und bestürmt euch alle Noth
Gott wird's, seid getrost, ihr Schwachen,
Durch Christum nur wohl mit euch machen.

Alle, die mich hier geliebet, Alle, denen ich bekannt,
Die mein Abschied jetzt betrübet, Uebergeb' ich Gottes Hand:
Gott versorge, Gott beschütze, Gott beschere, was euch nütze.
Also ist mein Haus bestellt. Gute Nacht, du eitle Welt!

302.

Ps. 39, 8. „Nun, Herr, weß soll ich mich trösten? Ich hoffe auf dich"

Euch tröste Gott, ihr meine Lieben!
Laßt meinen Tod euch nicht betrüben;
Gott hat es mit mit wohl gemacht:
Mein Leid ist aus, es ist vollbracht!

303.

Pf. 68, 6. „Gott ist ein Vater der Waisen und ein Richter der Wittwen."

Frommen Wittwen und Waisen Ist er, der Vater treu,
Will schützen sie und speisen, Das glaubet ohne Scheu.
Zwar unerforschlich ist des Herren Rath,
Und dunkel sind oft seine Wege;
Doch das beweist er mit der That,
Daß er für Waisen sorge Und auch der Wittwen pflege.

304.

Pf. 146, 9. „Der Herr behütet Fremdlinge und Waisen, und erhält die Wittwen."

Der Wittwen Berather, Den Waisen ein Vater
Hast du, Gott, verheißen, zu sein.
So laß denn die Meinen Nicht trostlos hier weinen;
Führ einst auch sie droben in's Vaterhaus ein.

305.

Spr. 10, 7. „Das Gedächniß der Gerechten bleibet im Segen."

Ganz unvermuthet schnell bist du geschieden,
Dein Weib und Kindlein mußten traurig stehn.
Doch schied'st du ja von uns in Jesu Frieden,
Und dort bei ihm woll'n wir uns wiedersehn.

306.

Klagel. Jerem. 5, 3. „Wir sind Waisen und haben keinen Vater."

Der sich unsern Vater nennt, Dem sein Herz vor Liebe brennt,
Der wird uns in unserm Leid Trösten und zu seiner Zeit
An den Ort, da er ist, führen Und mit Lebenskronen zieren.

307.

Sir. 14, 17. „Meine Kinder, wenn's euch wohl gehet, so sehet zu, und bleibet in der Gottesfurcht."

308.

Matt. 23, 9. „Einer ist euer Vater, der im Himmel ist."

Uns führt auf dem Pilgerwege Dessen treue Vaterhand,
Der dich nahm in seine Pflege, Dich heimrief in's Vaterland.

309. (148.)

Phil. 1, 21. „Christus ist mein Leben, und Sterben ist mein Gewinn."

Christus war im Tod dein Leben, Ewig darfst du vor ihm schweben.
Was diesseits sein Trost war,
Wird jenseits sein Lohn sein: Jesus Christus.

310. (153)

Col. 3, 2. „Trachtet nach dem, das droben ist 2c."

Kinder, trachtet nur nach droben, Laßt euch ziehn nach Jesu Sinn,
Daß ihr hinkommt, wo ich bin, Und wir ihn mitsammen loben.

311. (185.)

Offenb. 14, 13. „Selig sind die Todten ꝛc."

Selig sind alle, die im Herrn entschliefen,
Selig, Vater, bist auch du!
Engel brachten dir den Kranz und riefen
Seliges: „Willkomm!" dir zu, Und du gingst in Gottes Ruh'.

---

b. Der Mutter.

312.

Jes. 66, 13. „Ich will euch trösten, wie einen seine Mutter tröstet"

Sind wir denn nun ganz verlassen? Nein, denn Jesu treues Herz
Weiß auch unsern herben Schmerz, Und wird liebend uns umfassen.

Weinet nicht, wenn mein Aug' im Tode bricht.
Glaubt ihr denn, ihr seid verlassen, Wenn die M u t t e r wird erblassen?

Gott will jedem Kindlein klein Vater, Mutter, alles sein.
(Sprüchw. 2, 41.)

313.

Joh. 16, 20. „Eure Traurigkeit soll in Freude verkehret werden."

O, weinet, weinet nicht, Ihr vielgeliebten Meinen!
Wer in der Freude ist, Den darf man nicht beweinen.

Einst wird froh die Thräne fließen, Wie sie jetzt in Trauer fließt:
Froh wird dich dein Kind begrüßen, Das du jetzt in Thränen ließ'st.

314.

Joh. 16, 27. „Er selbst, der Vater, hat euch lieb, darum daß ihr mich liebet."

Meine lieben Kindlein weinen Zwar wohl um das Mutterherz;
Aber still nur! Euch, die Seinen Trifft aus Liebe nur der Schmerz.

Schlaf' sanft, du treues Mutterherz, Hier in der stillen Gruft,
Bis dich dein Heiland himmelwärts Zu ew'gen Freuden ruft.

Ruhe sanft nach langen Leiden, Die du hier erfahren hast,
Und genieß' die Himmelsfreuden Nach des Erdenlebens Last.

Schlafe, liebes Mütterlein! Hast genug im Leben
Treu für alle die gewacht, die dir Gott gegeben.

Lebe wohl, auf Wiedersehn! Du bist wohlgeborgen;
In des treuen Heilands Schooß Giebt es keine Sorgen.

Ruh' im Frieden! Nie und nie Wir vergessen werden,
Was du theure Mutter uns Warest hier auf Erden.
Dort im Himmel lohn' dir Das der Herr der Welten!
Deine Kinder konnten's ja Nimmermehr vergelten.

Sie hat in Jesu Ruh' gefunden Schon hier in diesem Thränenthal;
Nachdem im Tod sie überwunden, Ruht sie bei ihm im Ehrensaal.

Im kühlen Schooß der Erde Ohn' jegliche Beschwerde
Ruht hier ein treues Mutterherz.
Es hatte Ruh' gefunden In Christi Blut und Wunden,
Drum sehnte sich's nur himmelwärts.

---

c. Beiden Eltern.

315.

Ps. 10, 14. „Herr Gott! Du bist der Waisen Helfer."

Sind gleich die Eltern todt, So lebet dennoch Gott.
Weil aber Gott noch lebt, So habt ihr keine Noth.

Deine Rechte schlug uns nieder: Deine Rechte hebt uns wieder!

316.

Ps. 27, 10. „Mein Vater und meine Mutter verlassen mich, aber der Herr
nimmt mich auf."

Jesus bleibt mein Schild und Lohn Und wie lange wird es währen,
Bis auch mich vor seinen Thron Ruft hinauf der Herr der Ehren.

317.

Spr. 14, 26. „Wer den Herrn fürchtet, der hat eine sichere Festung, und seine
Kinder werden auch beschirmet."

Was Niemand achtet, achtest du: Den Kindern gibst du Engel zu,
Den Waisen thust du Vatertreu, Stehst Wittwen als ihr Retter bei.

318, a.

Joh. 14, 18. „Ich will euch nicht Waisen lassen."

318, b.

Ebr. 13, 5. „Ich will dich nicht verlassen noch versäumen."

Ihr Waisen, weinet nicht! Wollt vielmehr den Trost fassen:
Der Herr verläßt uns nicht, Wenn wir ihn nicht verlassen.

Ihr Waisen, weinet nicht! Sind gleich die Eltern todt:
Verlasset euch auf Gott; denn der verläßt euch nicht.

319.

2 Thess. 3, 3. „Der Herr ist treu, der wird euch stärken und bewahren vor dem
Argen."

Der Herr kann in Gefahren Den Glauben uns bewahren,
Der Jesum frei bekenne, Und sich von ihm nicht trenne.

(Dem Vater.)

Ihr Lieben, wischt die Thränen ab! Du Gattin, meine Kinder,
Weint nicht um mich an meinem Grab, Beweinet euch als Sünder,
Und glaubet treu an Jesum Christ, Der für uns hingegeben ist,
Dann sehn wir uns bald wieder.

(Dem Vater oder der Mutter.)

Weine nicht, du theures Herz, Daß ich deinem Blick entnommen;
Denn ich bin aus allem Schmerz Zu des Himmels Freude kommen,
Aus dem dunklen Thal zum ew'gen Licht· Weine nicht!

Gesegn' euch Gott! ihr Meinen, Ihr Liebsten allzumal!
Um mich sollt ihr nicht weinen: Ich weiß von keiner Qual.
Den Himmelsweg noch heute Nehmt ja fleißig in Acht!
In Gottes Fried' und Freude Folgt mir bald alle nach.

---

2. Für Brautleute.

320.

Pf. 45, 11. „Die Braut stehet zu deiner Rechten in eitel köstlichem Golde."

Dein Blut sei meines Hauptes Kron', In welcher ich will vor den Thron
Des ew'gen Vaters gehen, Und dir, dem er nicht angetraut,
Als eine wohlgeschmückte Braut An deiner Seite stehen.

Du bist eine Himmelsbraut Deines lieben Heilands worden.
Jesus, der sich dir vertraut, Hat dich aus dem Sünderorden
Bald genommen; nun hast du, sel'ges Kind, die ew'ge Ruh'

321.

Hohel. 2, 4. „Deine Liebe ist sein Panier über mir."

Seelenbräutigam, Jesu, Gottes Lamm!
Habe Dank für deine Liebe, Die mich zieht aus reinem Triebe
Von dem Sündenschlamm, Jesu, Gottes Lamm!

322.

Hohel. 2 16. „Mein Freund ist mein, und ich bin sein."

Wenn mein Stündlein vorhanden ist,
Nimm mich zu dir, Herr Jesu Christ;
Denn ich bin dein und du bist mein:
Wie herzlich gern wollt' ich bald bei dir sein!

323.

Hohel. 3, 4. „Ich fand, den meine Seele liebet. Ich halte ihn, und will ihn
nicht lassen."

Nun ergreif' ich dich, Du mein ganzes Ich,
Ich will nimmermehr dich lassen, Sondern gläubig dich umfassen,
Weil im Glauben ich Nun ergreife dich.

324.

Hohel. 27, 4. „Mein Freund ist mein, und er hält sich auch zu mir."

Amen Amen! Komm du schöne Freudenkrone,
Bleib nicht lange, Deiner wart' ich mit Verlangen.

Dank sei Gott, der dich erwählet, Dich den Erlösten zugezählet,
Gekrönet dich mit Ehr' und Freud'! Jesus wolle bald vereinen,
Die deinen Abschied jetzt beweinen, Mit dir in ew'ger Seligkeit.

325.

Jes. 61, 10. „Ich freue mich in dem Herrn, und meine Seele ist fröhlich in
meinem Gott; denn er hat mich angezogen mit Kleidern des
Heils, und mit dem Rock der Gerechtigkeit gekleidet."

Wie bin ich doch so herzlich froh, Daß mein Schatz ist das A und O,
Der Anfang und das Ende; Er wird mich doch zu seinem Preis
Aufnehmen in das Paradeis, Deß klopf' ich in die Hände.

Gestillt ist nun mein Sehnen ꝛc.

(Siehe unter No. 282.)

326.

Jes. 62, 2. 3. „Du sollst mit einem neuen Namen genannt werden, welchen
des Herrn Mund nennen wird. Und du wirst sein eine schöne
Krone in der Hand des Herrn"

Wenn die Posaun' wird schallen, Wirst einst verklärt du wallen
Aus düstrer Grabesnacht. Da wollen wir dann beide
In sel'ger Himmelsfreude Den Heiland schau'n in seiner Pracht.

327.

Hos. 2, 19. 20. „Ich will mich mit dir verloben in Ewigkeit; ich will mich
mit dir vertrauen in Gerechtigkeit und Gericht, in Gnade
und Barmherzigkeit. Ja, im Glauben will ich mich mit dir
verloben; und wirst den Herrn erkennen."

Herr, Gott Vater, mein starker Held,
Du hast mich ewig vor der Welt In deinem Sohn geliebet.
Dein Sohn hat mich ihm selbst vertraut:
Er ist mein Schatz, ich bin sein' Braut,
Sehr hoch in ihm erfreuet. Eya, eya, himmlisch Leben
Wird er geben Mir dort oben; Ewig soll mein Herz ihn loben.

328. (281.)

Matth. 25, 10. „Da kam der Bräutigam ꝛc."

Mein Jesus kommt: nun gute Nacht! Ich fahr in's Himmelshaus.
Ich fahre sicher hin mit Frieden:
Mein feuchter Jammer bleibt danieden. Es ist genug.

Wo seid ihr klugen Jungfrauen? Wohlauf! der Bräut'gam kömmt,
Steht auf, die Lampen nehmt! Hallelujah! Macht euch bereit
Zu der Hochzeit, Ihr müsset ihm entgegengehn.

329.

1. Cor. 6, 17. „Wer aber dem Herrn anhanget, der ist ein Geist mit ihm."

Mein Jesus muß mir bleiben, Ich bin nun seine Braut:
Nichts kann mich von ihm treiben. Wohl dem, der Jesum schaut!

330. (186.)

Offenb. 19, 9. „Selig sind, die zum Abendmahl des Lammes berufen sind."

Glückselig ist die auserwählte Braut,
Die hier an Jesum glaubt Und dort den Bräut'gam schaut.
Ade, o Vaterherz, Ade, o Mutterliebe! Ade, Geschwister all!
Eu'r Herz sich nicht betrübe, Ich geh' in'n Hochzeitssaal.

Hallelujah! Ich habe überwunden
Durch Jesum, meinen Seelenbräutigam;
Ich hab', o freut euch, schon den Ort gefunden,
Den mir bereitet hat das Gotteslamm.

Der grüne Brautkranz sollte bald dich schmücken,
An deines Lebens schönstem Ehrentag;
Wir hofften am Altar dich zu erblicken,
Da traf vom Herrn uns welch ein schwerer Schlag!
Dem irdischen Bräutigam bist du entnommen,
Zu Jesu Christ, dem himmlischen, gekommen.

Weil du nun in der Heimath bist,
Falt' ich die Händ' vor Jesu Christ,
Und bete still: Immanuel!
Sei du der Tröster meiner Seel'. Amen.

Weinet nicht! Einst im ew'gen Himmelslicht,
Bei des Lammes Hochzeitsmale,
Wo in seinem Freudensaale
Wir zu seiner Rechten stehn,
Werden wir uns wiedersehn.

(Jgdbl. 2, 41.

3. Für Eheleute.

331.

1 Mos. 15, 1. „Fürchte dich nicht; ich bin dein Schild und dein sehr großer Lohn."

Jesus bleibt mein Schild und Lohn;
Und wie lange wird es währen,
Bis auch mich vor seinen Thron
Hinaufruft der Herr der Ehren.

332. (450.)

Ruth 1, 16. 17. „Rede mir nicht darein, daß ich dich verlassen sollte....
Wo du stirbst, da sterbe ich auch; da will ich auch begraben werden."

(Gemeinsame Grabschrift für Eheleute, die kurz nach einander gestorben sind.)

Ein plötzliches Scheiden aus dieser Welt
War ihnen kurz nacheinander bestellt;
Vereint ruh'n sie hier in gemeinsamer Gruft,
Bis Christus zu ewigem Leben sie ruft.

333.

Pf. 34, 23. „Alle, die auf ihn trauen, werden keine Schuld haben"

Hier liegt ein frommes Weib, Ein Muster frommer Frauen,
Die ihre Lebenszeit Im Kreuze zugebracht,
Doch wußte sie sich Gott Gelassen zu vertrauen,
Deswegen hat er ihr Den Himmel zugedacht.

334.

Hes. 24, 16. „Du Menschenkind, siehe, ich will dir deiner Augen Lust nehmen durch eine Plage. Aber du sollst nicht klagen, noch weinen."

Wenn, die der Herr zum Trost dir gibt,
In schwerer Prüfung leiden;
Wenn sie, die deine Seele liebt,
Aus deinen Armen scheiden,
Dann fragt der Herr und spricht zu dir:
Hast du mich lieb, gibst du sie mir? ·   (Koethe.)

Nun, es sei ja und bleibe so: Ich will dich nicht beweinen.
Du lebst und bist nun ewig froh, Siehst lauter Sonnen scheinen:
Die Sonnen ew'ger Freud' und Ruh';
Dort leb' und bleib' nur immerzu!

335.

Matth. 28, 20. „Siehe, ich bin bei euch bis an der Welt Ende."

Theure Gattin, weine nicht! Jesus wird sich dein erbarmen.
Er ist bei dir, wie sein Mund verspricht. Weine nicht!

336. (444.)

Joh. 19, 30. „Es ist vollbracht."

Liebste Kinder und Verwandte, Bruder, Freunde und Bekannte:
Lebet wohl, zu guter Nacht! Gott sei Dank: Es ist vollbracht!

337.

Röm. 6, 8. „Sind wir mit Christo gestorben, so glauben wir auch, daß wir mit ihm leben werden."

In kurzer Zeit wird Jesus Christ Uns wieder auferwecken,
Auch da, wo du begraben bist, Die Lebenshand ausstrecken.

338.

1 Joh. 5, 4. „Unser Glaube ist der Sieg, der die Welt überwunden hat."

Es hat das liebe sel'ge Herz, Das Gott mit mir verbunden,
Nun alles Leiden, Tod und Schmerz Gar siegreich überwunden,
Darum ich gläubig sagen kann: „Was Gott thut, das ist wohlgethan."

339. (174. 393.)

Ebr. 4, 9. „Es ist noch eine Ruhe vorhanden dem Volke Gottes."

Mein fromm Weib ruht ohn' alle Qual In Gottes schönem Freudensaal.
Es ging nach Trübsal und Unruh' Der letzte Weg dem Himmel zu.

340. (399.)

Offenb. 21, 7. „Wer überwindet, der wird's alles ererben."

Weine nicht, o Gattenherz, Daß ich deinem Blick entnommen ic.

(Siehe unter No 319.)

4. Für Geschwister.

341. (13. 191.)

Pf. 16, 6. „Das Loos ist mir gefallen ic "

Der Schwester Glück ist wahrlich groß:
Ihr fiel auf's Liebliche das Loos;
Der Hirt nimmt's Schäflein von der dürren Heide
Und führt's auf Zions ewig grüne Weide.

Schlafe wohl, nach schwerem Leiden, Bruder, den das Grab umschließt!
Eins tröstet uns beim Scheiden: Daß du in deinem Erbtheil bist.

342.

Matth. 10, 32 „Wer mich bekennet vor den Menschen, den will ich auch bekennen vor meinem himmlischen Vater."

Fahr' wohl, o Bruderherz! Wir müssen uns nun trennen,
Der allertreu'ste Bruder will dich zu sich nehmen.
Er wird sich deiner, der du ihn bekannt, nicht schämen,
Vor allem Himmelsheer dich seinen Bruder nennen.

343. (187. 398.)

Offenb. 21, 4. „Gott wird abwischen alle Thränen ic."

Weinend wollen wir ihn preisen Hier in diesem Thränenthal;
Du stimmst ein in Engelweisen Dort im schönen Himmelssaal;
Theure, bald ist ausgeweint, Dann sind wir beim Herrn vereint.

Schwester, sanft im Todesschlummer Ruhe in der kühlen Gruft,
Du bist frei vom Erdenkummer, Schlafe wohl, bis Jesus ruft.

Deine Tage waren trübe, Seit die Mutter sank in's Grab;
Vater=, Bruder=, Schwesterliebe Wischt nicht jede Thräne ab.
Aber dort im Friedenslande Trocknet Gott die Thränen ab,
Gott, der uns den Heiland sandte Und durch ihn Erlösung gab.

An lieber Schwestern Seiten Harrt hier sein Leib der Stund',
Da frei von jedem Leiden Sie all' aufsteh'n gesund.

Gott sei Dank! Nun hast du ausgelitten,
Theure Schwester, die so lang um Hülfe bat;
Gott sei Dank! Nun ist die Kron' erstritten,
Die der Heiland dir am Kreuz erworben hat.

Weine nicht, daß ich so früh entschlafen,
Du geliebter, theurer Bruder, du!
Jesus rief mich heim zu seinen Schafen
In des Himmels ew'ge Sabbathruh'.
Wo der Erde Noth und Seufzer schwinden,
Jeder Thränenquell versiegen muß,
Und die Seele, frei vom Dienst der Sünden,
Schmeckt Jehovas sel'gen Friedenskuß.

---

5. Einem Freunde.

344.

2 Sam. 1, 36. „Es ist mir leid um dich, mein Bruder Jonathan; ich habe große Freude und Wonne an dir gehabt."

345.

Pf. 84, 12. „Gott der Herr ist Sonne und Schild. Der Herr giebt Gnade und Ehre; er lässet kein Gutes mangeln den Frommen."

Euch wird, meine liebsten Freunde, Die ich lasse in der Welt,
Schützen wider alle Feinde, Gottes Sohn, der starke Held.
Seid und bleibt ihm nur getreu: Seine Gnad' ist täglich neu.

346.

Joh. 11, 1. „Lazarus, unser Freund, schläft."

Nein, mein Freund, du starbst uns nicht, Weilst nur ferne unserm Jammer
Jetzt in deines Heilands Licht, Während wir der Grabeskammer
Anvertrau'n dein Pilgerkleid Bis zum Tag der Herrlichkeit.

347. (155.)

Col. 3, 11. „Alles und in Allen Christus."

Liebes Herz, das nicht mehr da, Gehst uns freilich gar sehr nah',
Aber Christus ist uns mehr, Als das liebste Leben wär'.

Geht es dir widrig, laß' es so geh'n,
Jesus und sein Wort bleibet dir steh'n!

Wenn, die der Herr zum Trost dir giebt ⁊c. (Siehe No. 334.)

348. (162.)

2 Tim. 2, 8. „Halt im Gedächtniß Jesum Christum ⁊c."

349.

Philemon 15. „Vielleicht ist er darum eine Zeit lang von dir gekommen, daß
du ihn ewig wieder hättest."

Freunde Jesu, bringt im Garten Wohl zur Ruhe euren Freund,
Er läßt euch nicht lange warten, Denn bald habt ihr ausgeweint.
Ja, ein Auferstehungstag Folgt der Nacht des Trauerns nach.

(Schaller.)

Das Band, das uns verbindet, Löst weder Zeit noch Ort.
Was in dem Herrn sich findet, Das währt in ihm auch fort.

Liebste Freunde, weinet nicht! Denkt, wie mir so wohl geschicht.
Ich bin aller Trübsal los, Ruhe sanft in Gottes Schooß.

Trauert nicht um mich, ihr theuren Herzen!
Meine Wallfahrt hat ja nun ein Ende,
Und die durchgrab'nen Jesushände
Haben mich entbunden aller Schmerzen.

Wenn ich auch gleich nun scheide Von meinen Freunden gut,
Das mir und ihn'n bringt Leide, Doch tröst't mir meinen Muth,
Daß wir in sel'gem Frieden Zusammen werden komm'n,
Und bleiben ungeschieden Vor Gottes heil'gem Thron.

Wir haben deinen Leib gebettet In's stille Kämmerlein;
Wir sangen dich zur ew'gen Ruhe Mit Friedenspsalmen ein.
Wir zollten dir die letzte Ehre In diesem Thränenthal;
Du zogest im Geleit der Engel In Gottes Freudensaal.

---

6. Für Diener der Kirche und solche, die es werden wollten.

350. (25.)

Ps. 39, 10. „Ich will schweigen ɔc."

(Nachruf an Edm. W., stud. theol.)

Mit „Kyrie!" geschieden Ruht hier in Jesu Frieden
Ein hoffnungsvoller Sohn. Er wollte Hirte werden
Für seines Jesu Heerden. — Gott rief ihn früh zum Gnadenlohn.

Der alten Eltern Thränen, Wie der Geschwister Sehnen,
Und vieler Freunde Weh Hast du, ja, Herr, bereitet,
Der alles weislich leitet: Dein Wille drum auch hier gescheh'!

Wir wollen nicht mehr klagen, Vielmehr ganz kindlich sagen:
Das Herz soll in dir ruh'n; Wir wollen stille schweigen,
Im Kreuz uns vor dir beugen, Den Mund zum Murren nicht aufthun.

Du, Herr, wirst es wohl machen Und alle unsre Sachen
Ganz herrlich führ'n hinaus, Bis wir nun auch bald droben
Mit allen Sel'gen loben Dich, Herr, in deines Vaters Haus.

(Wevel.)

351.

Jef. 57, 1. „Die Gerechten werden weggerafft vor dem Unglück."

Er ist vor'm Unglück weggerafft Aus dieser argen Welt;
Ist schon, nach kurzer Pilgerschaft, Daheim im Himmelszelt.

Dein Gebein im Erdgemach Liegt als in der Ruhekammer,
Und verschläft den Schreck und Jammer, Der noch kommt vorm jüngsten Tag.

352.

Jer. 15, 19. „Wo du dich zu mir hältst, so will ich mich zu dir halten."

Was soll ich denn nun thun? Ich soll auf dem beruh'n,
Was du mir hast verheißen, Daß du mich wollest reißen
Aus meines Grabes Kammer Und allem andern Jammer.

353.

Dan. 12, 3. „Die Lehrer werden leuchten wie des Himmels Glanz und die, so
viele zur Gerechtigkeit weisen, wie die Sterne immer und ewiglich."

Die treu das Wort des Herrn gelehrt, Daß vieler Seelen sich bekehrt,
Die werden ewig scheinen. Sie werden wie die Sterne klar
Zum Himmel leuchten offenbar. So ehret Gott die Seinen.

354.

Mal. 2, 6. „Das Gesetz der Wahrheit war in seinem Munde, und ward kein
Böses in seinen Lippen gefunden. Er wandelte vor Gott friedsam
und aufrichtig und bekehrte viele von Sünden."

Du hast dein Völklein still geweidet; Denn Prangen war nicht deine Art.
Du hast sie zu dem Quell geleitet Deß, der selbst Lebensquell dir ward.
So trieb das Wort, das du geführet, Nicht Blätter, Blüthen nur allein;
Manch' reife Frucht hat es gezieret, Die Gottes Engel heimsten ein.

355. (387.)

Matth. 25, 21. „Ei du frommer und getreuer Knecht, du bist über wenigem
getreu gewesen; ich will dich über viel setzen, gehe ein zu deines Herrn Freude."

Wohl dem, dem Jesus zeiget an:
Auch du bist unter meinen treuen Knechten;
Und setzt ihn droben dann zu seiner Rechten.

Du zähltest zu den treuen Knechten; Drum setzt Gott nach vollbrachtem Lauf
Dir dort in jenem Leben auf Die Ehrenkrone der Gerechten.

356. (299.)

Luc. 2, 29. „Herr, nun lässest du deinen Diener 2c. 2c."

Gelobt sei Gott! der seinen Diener erlöset hat.
Nach des Tages (Lebens) Last hienieden
Ruht er nun selig und im Frieden.
Sein Gedächtniß bleibet im Segen.

Bei Jesu hab' ich Ruh' gefunden Am Ziele meiner Zeit.
Nach manchen sauren Arbeitsstunden Folgt nun Freud' ohne Leid.

(Vergl. S. 8.)

357.

Joh. 12, 26. „Wo ich bin, da soll mein Diener auch sein. Und wer mir dienen wird, den wird mein Vater ehren."

Wenn einst dein großer Tag erscheint,
Laß unsern Lehrer, unsern Freund,
Uns dir entgegenführen.
Du gabst ihm unter seine Hand
Hier uns're Seelen als ein Pfand:
Daß keine sich verlieren!
Jesu, Hilf du! Beut die Hände, Daß am Ende
Hirt und Heerde Ewig neu verbunden werde.

358.

1 Cor. 2, 2. „Ich hielt mich nicht dafür, daß ich etwas wüßte unter euch, ohne allein Jesum Christum, den Gekreuzigten."

Es lebte Christus ganz in dir; Drum macht' in heiliger Begier
Sein Lob dein geistbegabter Mund Dem Volk, das er erlöste, kund.

359.

1 Cor. 4, 2. „Nun sucht man nicht mehr an den Haushaltern, denn daß sie treu erfunden werden."

Treue Hirten, laß den Seelen niemals fehlen,
Und die Heerden mit den Hirten selig werden.

360.

Eph. 2, 8. „Aus Gnaden seid ihr selig geworden durch den Glauben."

361.

1 Theff. 1, 3. „Wir denken an euer Werk im Glauben, und an eure Arbeit in der Liebe, und an eure Geduld in der Hoffnung, welche ist unser Herr Jesus Christus vor Gott und unserm Vater."

Da stund'st in deiner Heerde Mitten —
Wohl vierzig Mal wandt' sich die Zeit —
Du hast gefleht, gelehrt, gestritten,
Hast weder Müh' noch Noth gescheut.
Manch saurer Gang war dir beschieden,
Und oft erbebt' dein Herz in Weh';
Doch mochten auch die Wellen wüthen,
Die Gnade hielt dich auf der Höh'.

362. (160.)

2 Tim. 1, 12. „Ich weiß, an welchen ich glaube ꝛc. ꝛc."

Wer Gott vertraut, Hat wohl gebaut Im Himmel und auf Erden,
Wer sich verläßt Auf Jesum Christ, Dem muß der Himmel werden.

Als wir nach Gottes Rath die Stunde Des Feierabends kam, den Lauf
Zu enden, nahmst du diese Kunde, Dich Gott befehlend, gläubig auf.

Nicht schreckte dich des Todes Grauen, Hell brannt' in dir des Glaubens Licht;
„Ich weiß, wem ich mich kann vertrauen, Und meine Beilag' fehlt mir nicht."

Wir halten, Herr, an unserm Heil Und sind gewiß, daß wir dein Theil
    In Christo werden bleiben,
Die wir durch seinen Tod und Blut Des Himmels Erb' und höchstes Gut
    Zu haben treulich gläuben.

363.

1 Joh. 2, 25. „Das ist die Verheißung, die er uns verheißen hat, das ewige
    Leben."

Er hat's erlangt: Die Lebenskron' Schmückt ihn als ew'ger Gnadenlohn.
Laßt uns im Glauben an den Herrn, Wie unser Hirte, dulden gern,
Dann wird auch uns zum Gnadenlohn Die Siegeskron'.

364.

Hebr. 13, 7. „Gedenket an eure Lehrer, die euch das Wort Gottes gesagt
    haben, welcher Ende schauet an und folget ihrem Glauben
    nach."

    Was er gewirkt durch Werk und Wort An diesem Ort,
        Das wirket noch in Segen fort!

Was du hier wirktest treu und rein, Das soll uns nicht verloren sein.
Die Saat, in Gottes Kraft gestreut, Gedeiht nun für die Ewigkeit.

O möcht' uns sein Gedächtniß noch Gesegnet sein, o trüge doch
    Der Same, den er ausgestreut Hier in der Zeit
        Viel Früchte für die Ewigkeit

365. (181. 395.)

Offenb. 2, 10. „Sei getreu bis an den Tod 2c. 2c."

Hie Schwerdt des Herrn und Gideon! Dort stolze Ruh' vor Gottes Thron!

    Wohl dir, du Kind der Treue! Du hast und trägst davon
    Mit Ruhm und Dankgeschreie Den Sieg und Ehrenkron'.
    Gott gibt dir selbst die Palmen In deine rechte Hand,
    Und du singst Freudenpsalmen Dem, der dein Leid gewandt.

    Dem Heiland treu zu dienen, Sei unsers Herzens Lust.
    Die Hoffnung soll uns grünen, Uns bleibe stets bewußt,
    Wie dort vor seinem Thron Die schöne Lebenskron'
    Und großes ew'ges Heil Sei unser Erb' und Theil.

366.

Offenb. 22, 12. „Siehe, ich komme bald!"

Bald wird auch unser Tag sich neigen, Das Herze stille steh'n.
Dann laß auch uns, herzliebster Jesu! Zur sel'gen Freud' eingeh'n.

„Ich komme bald!" Dies Heilandswort auch jetzt erschallt:
Ich komme zu richten, Die Welt zu vernichten;
Die Meinen nehm' ich dann mit mir, Zu schauen mich und meine Zier.
O Kinder, bleibt sein Eigenthum,
Glaubet an ihn, singt seinen Ruhm.

---

7. Für lange krank Gewesene oder sonst mit Kreuz schwer Heimgesuchte.

367.

1 Mos. 47, 9. „Wenig und böse ist die Zeit meines Lebens."

Mich hat hier viel Schmerz und Leid betroffen;
Und was konnt' ich doch für Freude hoffen?
Nun trifft kein Jammer Mich mehr in meiner Ruhekammer.

Das Leben fliegt, wir eilen Auf heißen Sohlen Zion zu,
Wo alle Wunden heilen, In Gottes Schooß, in stolzer Ruh'.

Es hat dir von Jugend auf An Trübsal nicht gefehlet,
Der bösen Welt verkehrter Lauf Hat dich genug gequälet;
Nun findest du nach Schmerz und Leid Vollkomm'ne Ruh' und Seligkeit.

368.

1 Sam. 2, 6. „Der Herr tödtet und macht lebendig, er führet in die Hölle und wieder heraus."

369.

Hiob 5, 18. „Er verletzet, und verbindet; er zerschmeißet, und seine Hand heilet."

Schickt Gott mir ein Kreuz zu tragen, Dringt herein
Angst und Pein, Sollt' ich drum verzagen?
Der es schickt, der wird es wenden: Er weiß wohl,
Wie er soll All mein Unglück enden.

370. (7. 401.)

Hiob 19, 25. f. „Ich weiß, daß mein Erlöser lebet. ꝛc."

Mein Erlöser lebet, Der mich selber hebet
Aus des Todes Kammer, Da liegt alles Jammer;
Fröhlich, ohne Schrecken, Will er mich aufwecken.

Dieser Leib soll gehen Und in Klarheit stehen,
Wenn die Todten werden Aufsteh'n von der Erden;
Christum werd' ich schauen, Darauf kann ich trauen.

Hier scheidet das Grab uns auf kurze Zeit, Dort sind wir vereinet in Ewigkeit.

Meine Hoffnung ruht in Christo!

Dies Haus ist mein und doch nicht mein:
Im Himmel soll unsere Wohnung sein.

371. (14.)

Pſ. 16, 11. „Vor dir iſt Freude die Fülle, ꝛc."

„Hier iſt gut ſein!" Alſo ſagen Dorten in der Himmelsfreud',
Die da Kron' und Palmen tragen, Angekleid't mit Herrlichkeit

Wie lieblich iſt es doch im Himmel, Wie freundlich ſpricht mir Jeſus zu!
Hier ſchrecken mich kein Weltgetümmel: Ich lebe hier in ſüßer Ruh';
Mich labet für das kurze Leid Der ew'ge Troſt der Seligkeit.

Ihr weilt im fremden Lande, Ich bin daheim allhier;
Ich glänz' im Sieg'sgewande, Ihr kämpft im Kriegsrevier.
Ich trag' die Kron' der Ehren, Der Ruh' und Herrlichkeit.
Ihr lebt in Schmach, Entbehren, Arbeit und Niedrigkeit.

372. (22.)

Pſ. 34, 20. „Der Gerechte muß viel leiden, aber der Herr hilft ihm aus dem
allen."

373.

Pſ. 41, 4. „Du hilfſt ihm von aller ſeiner Krankheit."

Nicht ſchwerer, als ein Herz ſie trägt, Wird ihm die Bürde aufgelegt.

Die hart gebund'nen macht er frei, Seine Genad' iſt mancherlei.

Nun findeſt du nach Schmerz und Leid Vollkomm'ne Ruh' und Seligkeit.

Bei euch hat Trübſal mich gedrückt, Nun hat mich Gottes Ruh' erquickt.

Bis hieher hat mich Gott gebracht Durch ſeine große Güte:
Bis hieher hat er Tag und Nacht Bewahrt Herz und Gemüthe
Bis hieher hat er mich geleit't, Bis hieher hat er mich erfreut.
Im Tod mir noch geholfen.

Der vom Kreuz zum Throne ſtieg, Half auch dir zu deinem Sieg.

Wohl mir! ich bin am Ziel: Mein Leiden iſt verſchwunden,
Ich bin des Kerkers los, Und ſeliglich entbunden.

Nun bin ich dahin gekommen, Wo ich aller Krankheit los;
Bin der Traurigkeit entnommen, Ruhe ſanft in Gottes Schooß

Nun gute Nacht, o Welt! Ich fahr' ins Himmelszelt;
Ich fahre ſicher hin mit Frieden, Mein feuchter Jammer bleibt darnieden.

Ob du ſchon litteſt manche Noth,
So wirſt du doch nach deinem Tod Bei Jeſu nun erquicket.

Tod, Sünde, Leben, Heil und Gnad', All's in Händen er hat;
Er kann erretten Alle die, ſo zu ihm treten. Herr, erbarme dich unſer!

Sein Jammer, Trübſal und Elend Iſt kommen zu einem ſel'gen End'.
Er hat getragen Chriſti Joch, Iſt geſtorben und lebet noch.

Nun hab' ich überſtanden! Von allen Leidensbanden
Bin ich auf einmal losgemacht. Das, was mich oft erſchrecket,
Mir manche Furcht erwecket, Iſt nun durch Gott zu End' gebracht.

Der Leib iſt in der Kammer, Die Seel' in Gottes Schooß,
Von allem Erdenjammer Und Sündenarbeit los.

374.

Pf. 42, 3. „Wann werde ich dahin kommen, daß ich Gottes Angesicht schaue?"
(Vergl. 293.)

Das gläub'ge Herz hienieden, Von manchem Sturm bewegt,
Erlangt den wahren Frieden Erst, wenn es nicht mehr schlägt.

Süßes Licht, süßes Licht! Sonne, die durch Wolken bricht,
O, wann werd' ich dahin kommen,
Daß ich dort mit allen Frommen, Schau' dein holdes Angesicht!

Komm, ruft Jesus liebreich dir, Müder Pilgrim, komm zu mir!
Deine Laufbahn ist vollend't, Leiden hat für dich ein End'
Komm, sei nun den Engeln gleich In des Vaters sel'gem Reich,
Aus dem dunkeln Todesthal Komm nun in den Freudensaal.

Er hat sich aufgeschwungen Zu Zions lichten Höhn
Dein Geist im festen Glauben, Um Jesum nun zu sehn.

O, wie kannst du nun schauen Mit Lust und großer Freud'
Den Heiland und Erlöser, Der allen Gnad' anbeut.

Ach, wär' ich doch schon droben! Mein Heiland, wär' ich da,
Wo dich die Schaaren loben, Und sing'n Hallelujah!
Wo wir dein Antlitz schauen, Da sehn' ich mich hinein;
Dort will ich Hütten bauen; Denn dort ist gut zu sein.

Weinet nicht! Seht ihr Gottes Engel nicht
Reichen mir die Siegespalme? Hört ihr nicht die Jubelpsalme
Aus den sel'gen lichten Höhn: „Laßt mich gehn! Laßt mich gehn!"

(Jgrbl. 2, 41.)

375. (30.)

Pf. 73, 25. f. „Herr, wenn ich nur dich habe, rc."

Herr, wenn ich nur habe Dich zur Morgengabe,
O, so sei und bleib' Die Welt ungeachtet!
Ob mir schon verschmachtet Meine Seel' und Leib,
Bist du doch, O Jesu, noch Meines Herzens Lust und Freude,
Mein Theil, Heil und Weide.

376.

Pf. 116 8. „Du hast meine Seele aus dem Tode gerissen, mein Auge von den
Thränen, meinen Fuß vom Gleiten."

Gott sei Dank! ich habe überwunden
Alle Leiden, die der Vater mir gesandt.
Gott sei Dank! nach trüben Schmerzensstunden,
Leb' ich selig nun im lieben Vaterland.

Mich hat nach manchem Erdenjammer
Mein treuer Gott zur Ruh' gebracht;
Nun schläft der Leib in seiner Kammer,
Bis er zur Himmelsfreud' erwacht.

377. (36.)

Pf. 126, 1. „Wenn der Herr die Gefangenen 2c."

378. (408.)

Pf. 126, 2. „Dann wird unfer Mund voll Lachens, und unfere Zunge voll
Rühmens fein."

Wie wird's fein, wie wird's fein, Wenn ich zieh' in Salem ein,
   In die Stadt der gold'nen Gaffen!
Herr, mein Gott! ich kann's nicht faffen, Was das wird für Wonne fein!

Paradies, Paradies, Wie ift deine Frucht fo füß!
Unter deinen Lebensbäumen, Wird's uns fein als ob wir träumen.
Bring' uns, Herr, in's Paradies.

Was mich für Trübfal hat verletzt, Wird nun in höchfte Luft verfetzt;
Die Welt ift mir ein Jammerthal, Dort aber ein recht Freudenfaal.

Warum wollt ihr denn traurig fein, Daß ich von hinnen fcheide?
Ich geh' in Gottes Freude ein, Da ich kein' Angft mehr leide.

Du fiehft Jerufalem erglänzen, Die deines Herzens Sehnfucht war.
Du fiehft in ew'gen Ehrenkränzen Der Auserwählten fel'ge Schaar.

Du höreft durch den Himmel klingen Ein neues Lied wie Donnerklang.
Ja, du wirft nun auch felber fingen Dem Lamm, das uns erkaufet, Dank.

Nun find voll Rühmens eure Zungen, Nun ift voll Lachens euer Mund.
Das Hallelujah ift erklungen, Und Gottes Liebe wird euch kund,
Die über Bitten und Verftehen. Wie Träumenden, fo ift euch nun:
Ihr dürft nun felber alles fehen, Und froh in eurem Erbtheil ruh'n.

379.

Pf. 126, 5. 6. „Die mit Thränen fäen, werden mit Freuden ernten. Sie
gehen hin und weinen und tragen edlen Samen, und kommen
mit Freuden und bringen ihre Garben."

Die Saat mit Thränen hier beftellt, Erblüht für eine beff're Welt.

Durch's Thränenthal Gott führte mich Oft wunderlich, doch feliglich.

   Nach diefer kurzen Saat= und Thränenzeit
   Folgt einft die Freudenernt' der Ewigkeit.

Wird das nicht Freude fein? Nach gläubigem Vertrauen
Dort felbft den Heiland fchauen In unferm Fleifch und Bein?
   An feinen holden Blicken
Und Worten uns erquicken: Wird das nicht Freude fein?

Wenn, die uns fchon entnommen, Uns dann entgegenkommen,
Uns jauchzend holen ein, Wenn man wird froh umfaffen,
Die thränend wir verlaffen: Wird das nicht Freude fein?

   Die hier mit Thränen fäen, Mit Freuden ernten dort;
   Die hier feufzen und flehen, Dort jauchzen fort und fort.

Treibt dein Schifflein immerfort Durch die Thränenfluthen,
Jefus führt es in den Port Wider dein Vermuthen.

Hier muß ich Samen streuen Mit Thränen vieler Pein;
Dort werd' ich Wonne maien, Der Ende nie wird sein.

Hie muß ich traurig singen Und klagen meine Zeit;
Dort werd ich Garben bringen In ew'ger Herrlichkeit.

Du wandeltest im Thal der Thränen;
Nun ist gestillt dein heißes Sehnen:
Du hast nach Kreuz und Leiden Bei Jesu Fried' und Freuden.

Gottes Kinder säen zwar Traurig und mit Thränen;
Aber endlich bringt das Jahr, Wornach sie sich sehnen.
Endlich endet alles Leid, Endlich kommt di Ewigkeit!

Die ihre Saat zu säen kamen Mit Seufzern in der Brust,
Die ernten voller Lust. Sie streuen weinend ihren Samen,
Und werden voller Dank und Singen Die Garben bringen.

Nur Geduld, wenn deine Saat Thränend wird gesäet;
Gott, dein Vater, weiß schon Rath, Daß sie wohl aufgehet.
Ja, du wirst zur Erntezeit Freudengarben binden;
Damit wird dein tiefstes Leid Augenblicks verschwinden.

380.

Spr. Sal. 15, 24. „Der Weg des Lebens gehet überwärts klug zu machen,
daß man meide die Hölle unterwärts."

381.

Pred. 7, 2. „Der Tag des Todes ist besser, weder der Tag der Geburt."

Ich ging aus bittern Leiden Und kam zu Himmelsfreuden.

Ende gut — ist alles gut! Durch Gottes Gnad' und Christi Blut.

Er ist gestorben als ein Christ, Sein Tod ein Gang zum Leben ist.

Du hast nun überwunden Des Leibes Schmerz und Plag',
Die du doch so geduldig Trugst bis zum Sterbetag.

Jetzt ist dein Glaub' in's Schauen Verwandelt dort im Licht,
Du schaust im vollsten Glanze Des Heilands Angesicht.

Geb' Gott, daß wir doch alle So selig gehen ein
In unsers Heilands Himmel, Daß wir dir folgen sein.

Mein Leid ist nun in Freud' verkehrt, In Freud', die ewig, ewig währt,
Drum gönnet mir nur hier zu sein, Und stellet euch auch selig ein.

382.

Jes. 38, 17. „Siehe, um Trost war mir sehr bange. Du aber aber hast dich
meiner Seele herzlich angenommen."

Ach sieh', um Trost war mir sehr bange, Gott aber nahm sich meiner an,
Daß ich nicht in dem Sündendrange Verdürbe, sondern rühmen kann;
Mein Gott hat es durch Christi Blut Gemacht mit meinem Ende gut.

383.

Jef. 42, 3. „Das zerstoßene Rohr wird er nicht zerbrechen, und das glim-
mende Tocht wird er nicht auslöschen."

Gott läßt wohl sinken; aber nicht ertrinken.

Nach dem Kämpfen, nach dem Streiten Folgen die Erquickungszeiten.

Himmlische Kronen und ewige Freud'
Erwarten den Dulder nach Trübsal und Leid.

Auf den Kelch der Leiden Schenkt Gott dir den Wein
Deiner ew'gen Freuden In dem Himmel ein.

Kein' Angst und Trübsal, Weh und Noth Kann dich jetzund verletzen;
Im Himmel thut der fromme Gott Mit Liebe dich ergötzen.

Hier raft't mein Leib und ruhet aus; Mein Leiden ist zu Ende kommen,
Die Seele ward ins Vaterhaus Von meinem Jesu aufgenommen.

384. (51.)

Jef. 57, 2. „Die richtig vor sich gewandelt haben 2c."

Die Christen geh'n von Ort zu Ort Durch mannigfachen Jammer,
Und kommen an den Friedensport Und ruh'n in ihrer Kammer.
Gott nimmt sie nach dem Lauf In seine Arme auf.

385 a. (53. 195. 217.)

Jer. 31, 3. „Ich habe dich je und je 2c. 2c."

Gott wollte dich aus Sorg' und Müh'n Noch fester an sein Herze zieh'n,
Drum zog er mit dem Tode ein, So mußt' es wohl am besten sein.

385 b.

Jer. 33, 6. „Siehe, ich will sie heilen und gesund machen und will sie des
Gebets um Frieden und Treue gewähren."

Was Vaterhände bieten, Nimm an und rühm' es laut;
Ich fand den ew'gen Frieden, Seit ich dem Herrn vertraut.

Nicht werde ich in Krankheit mehr geplaget,
Kein Kummer, keine Noth mich rühret an;
Kein irdisch Unglück, Elend mir mehr schadet,
Denn was dort war, ist hier nun abgethan.

Sie ist nach vielem Erdenjammer Zur selg'en Himmelsruh' gelangt;
Ihr Leib schläft hier in stiller Kammer, Nachdem er endlich ausgekrankt,
Und wird bereinst vom Tod aufstehn Und in das ew'ge Leben gehn.

386. (64.)

Matth. 5, 4. „Selig sind, die da Leid tragen 2c."

387. (355.)

Matth. 25, 21. „Ei du frommer und getreuer Knecht 2c."

Gar aus ist's nun mit allen Leiden: Geh' ein zu deines Herren Freuden.

Mit Christo trugst du Kreuz und Pein, Nun wirst du mit ihm selig sein.

Der Trost, daß ich begnadigt bin, Macht mir das Sterben zum Gewinn.

Dich hat nun als den Seinen Der Herr dem Leid entr..ft,
Und während wir hier weinen, Bist du so hoch beglückt

Nun ist der Kampf vorüber, Nun bin ich schon hinüber
In's rechte Vaterland. Nun hat in ew'ger Wonne
Der Herr, die Gnadensonne, Schmerz, Sorg' und alles Leid verbannt.

Ich hab' in meinem Leben Manch sauren Tritt gethan,
Mein Pfad war selten eben Und oft ganz ohne Bahn.
Nun hab ich überwunden Kreuz, Leiden, Angst und Noth:
Durch meines Jesu Wunden Bin ich versöhnt mit Gott.

In Frieden schlaf' ich ein, In göttlichem Bewahren;
In Frieden lässet mich Mein Gott von hinnen fahren,
In Christo, welchem ich Ein Blut= und Kreuzgewinn,
Sein Eigenthum todt und lebendig bin.

388. (111.)

Actor. 14, 22. „Wir müssen durch viel Trübsal rc."

Hie Leid — dort Lohn; Hie Kampf — dort Kron'!

Bergauf ist eine Last, Doch oben süß die Rast.

(Per angusta ad augusta!) Durch die Enge Zum Gepränge!

(Ex carcere ad aethera!) Aus Kerkerluft Zu Himmelsduft!

Der schmale Weg ist trübsalsvoll, Den man zum Himmel wandeln soll.

Willst du mit leben, so mußt du mit sterben,
Anders kann keiner den Himmel ererben.

Es ist der Pfad, der alte Pfad: Durch Kreuz zu Herrlichkeiten,
Und Jesus, der ihn selbst betrat, Kann uns nicht anders leiten.

Mit Weinen fängt das Leben an, Ohn' Weinen man's nicht enden kann.
Muß lassen immer Zähren fließen, Bis man es selig thut beschließen.

Es kann nicht anders sein: Durch mancherlei Trübsale
Geht's ein zum Freudensaale, Wo's ewig gut wird sein.

Ein Christ sein Kreuz muß tragen, Doch darf er nicht verzagen,
Denn bald wird's anders sein, Da, wo Gottes Tisch gedeckt,
Wo man Freud' die Fülle schmeckt.

389. (120.)

Röm. 8, 18. „Denn ich halte es dafür rc."

Ach, alle Leiden dieser Zeit Sind doch nicht werth der Herrlichkeit,
Die Gott wird offenbaren.

Fragst du, was meine Ewigkeit sei?
Ein Reichthum der Freuden, Ein Ende der Leiden,
Ein Anfang der Wonnen, Ein Leuchten der Sonnen,
Ein Abgrund der Jubeljahr' immer neu.

Alle Leiden dieser Zeit Sind nicht werth der Herrlichkeit,
Die dir wird dein Jesus geben Dort in jenem Freudenleben.

390. (300.)

2 Cor. 4, 17. „Unfere Trübfal, die zeitlich und leicht ift 2c. 2c."

Wer kann die Herrlichkeit ausdenken, Die Jefus wird dem Dulder fchenken.

Zeitlich währet Schmerz und Pein, Ewig wird das Erbe fein.

Unendlich ift der Sel'gen Wonne Und unausfprechlich ihre Luft:
Sie leuchten herrlich wie die Sonne Und ruh'n an ihres Vaters Bruft.

Ueberfchwänglich ift die Freud', Die nach diefem kurzen Leiden
Mir dort in der Herrlichkeit Jefus Chriftus will befcheiden,
Welcher alles Kreuz auf Erden Nicht kann gleich gefchätzet werden.

391. (143.)

2 Cor. 12, 9. „Laß dir an meiner Gnade genügen 2c. 2c."

Manch faurer Gang war dir befchieden, Und oft erbebt' dein Herz in Weh',
Doch mochten auch die Wellen wüthen, Die Gnade hielt dich auf der Höh'.

Bedenkt die große Gnad', Die mir verliehen hat
Aus Erbarmen der treue Gott, Der aller Noth
Entledigt hat durch fel'gen Tod.

392. (164. 291.)

2 Tim. 4, 7. 8. „Ich habe einen guten Kampf gekämpfet 2c. 2c."

Du haft in deinen Streit Dich ritterlich gewaget,
Nun haft du ausgeklaget, Die Kron' ift dir bereit.

Nun ift der fchwere Kampf vollendet, Nun ift der faure Lauf geendet,
Nun gingft du ein zu Gottes Ruh'.

Du haft in deinen Tagen Mit ihm das Kreuz getragen;
Er wird dich nun mit Kronen Der Ueberwinder lohnen.

Hier hört der Kampf des Chriften auf; Vollendet ift fein Pilgerlauf;
Er ift daheim im Vaterland, Sein' Seele ruht in Gottes Hand.

Hier hab' ich geftritten, Ungemach erlitten,
Ritterlich gekämpfet, Manchen Feind gedämpfet,
Glauben auch gehalten, Richtig, mit den Alten.

Hier hab' ich geftritten, Ungemach erlitten,
Thränen mußt' ich laffen, Weinen ohne Maaßen,
Ueber Leiden Klagen, Kreuz und Trübfal tragen, —

Nunmehr thut fich's wenden, Kampf und Lauf fich enden;
Mir ift beigeleget, Wo man Scepter träget,
Eine fchöne Krone Zum Genadenlohne.

Es wird Niemand dort gekrönt, Der nicht tapfer hier geftritten;
Wer hier, von der Welt verhöhnt, Schmach und Ungemach erlitten,
Der bekommt dort einen Kranz Heller als der Sonne Glanz.

393. (174. 339.)

Ebr. 4, 9. „Es ist noch eine Ruhe vorhanden dem Volke Gottes."

Wie selig die Ruhe bei Jesu im Licht!
Tod, Sünde und Schmerzen, die kennt man dort nicht.

Die schenke Gott uns allen Und laß in seinen Hallen
Wo wir erst ganz sein Thun verstehn, Uns den Entschlaf'nen wiedersehn.

Ach, klagt nicht, meine Lieben, Nun ich mit Freud' und Lust,
Nach Gottes Rath geschieden, Ausruh' an Jesu Brust.

Gar viele Tag' und Nächte, Bracht' ich in Schmerzen zu,
Nun gönnst du deinem Knechte, Herr, sel'ge Himmelsruh'.

Manches Weh hast du erlitten, Hattest manchen harten Stand,
Friede ist dir nun beschieden. Ruhe sanft in Gottes Hand!

Ruhe sanft von allen Schmerzen, Ruh' an deines Heilands Herzen,
Wo vorbei, wo vorbei Alles Leid ist und Geschrei.

Ruhe sanft, statt aller Mühen Ew'ge Wonnen dir erblühen;
Keine Qual, keine Qual Rühret an dich mehr jemal.

Mein Leib ruht hier, Auch all mein Leid und Weh
Liegt hier begraben, Die Seele aber ruht in Gottes Hand.
Nach kurzer Ruh' wird auch der Leib, vom Staub erhaben,
Einziehn ins sel'ge Vaterland.

394.

Ebr. 10, 36. „Geduld aber ist euch noth, auf daß ihr den Willen Gottes thut, und die Verheißung empfahet."

Harre aus, dein Heiland lebet, Deine Hoffnung blühet grün,
Und die Kreuzesfahne schwebet Siegreich über Erdenmühn.
Fröhlich drum und todesmuthig Harre, Christenseele aus!
Sei dein Kampf auch schwer und blutig, Hell und herrlich steht dein Haus.

395. (181. 365.)

Offenb. 2, 10. „Sei getreu bis an den Tod 2c."

Amen: wir werd'ns erlangen, Glaub'n wir aus Herzensgrund.

Denen, die an Christum glauben, Und ohn' allen Heuchelschein
Treu in seiner Liebe bleiben, Schenket Gott die Seligkeit
Für das Leiden dieser Zeit.

396.

Offenb. 3, 19. „Welche ich lieb habe, die strafe und züchtige ich." (Vergl. No. 39, 178.)

Ja, wen der Herr am meisten liebet, Dem nimmt er seinen liebsten Schatz;
Und wem er alles nimmt, dem giebet Er sich zum ewigen Ersatz.

Unser Heiland ist so gut, Der so große Wunder thut,
Der uns nicht will sehen Gar in Leid und Noth vergehen,
Der uns auch vom Tod erweckt, Daß nicht Sarg noch Grab mehr schreckt.

397.

Offenb. 7, 13. 14. „Wer sind diese mit weißen Kleidern angethan? Und woher sind sie gekommen? Diese sind es, die gekommen sind aus großer Trübsal und haben ihre Kleider helle gemacht im Blute des Lammes."

398. (187. 343.)

Offenb. 21, 4. „Gott wird abwischen rc."

Was bitter schmeckt auf Erden, Wird süß im Himmel werden.

Ich bin der Traurigkeit entnommen, Und zu der ew'gen Freud' gekommen.

Er blieb Gott treu bis an das Grab, Nun wischt Gott seine Thränen ab.

Da will ich immer wohnen, Und nicht nur als ein Gast,
Bei denen, die mit Kronen Du ausgeschmücket hast.

Wenn mein Elend zu Ende ist, Dann trocknet mein Herr Jesu Christ
Von allen Thränen mein Gesicht, Und gönnt mir lauter Lieb' und Licht.

Jesus wischt den Seinen, Die mit ihm hier weinen,
Einst die Thränen ab; Die mit Jesu sterben,
Werden mit ihm erben Trotz dem Tod' und Grab.

Wir haben gelitten, Wir haben gestritten,
Viel Wermuth getrunken, In Jammer versunken
Nun ist es vorüber, Nun ist es vorbei!

399. (340.)

Offenb. 21, 7. „Wer überwindet, der wird es alles ererben."

Wer sich legt in Jesu Wunden, Der hat glücklich überwunden.

Nun hab' ich überwunden Und ew'ges Heil gefunden,
Das Jesus mir erwarb, Da er sein theures Leben
Am Kreuze hingegeben, Für mich den Tod des Sünders starb.

Wer Jesu glaubt, wer Jesum liebt, Der endet selig seinen Lauf.
Ihr Lieben all', seid unbetrübt, Blickt hoffnungsvoll zum Himmel auf.

Des Lebens Mühen und Beschwerden,
Sie wollten oft zu schwer mir werden:
Voll Sorge, Furcht, Hoffnung und Noth,
Erlöste mich ein sel'ger Tod.

Nun ist vollbracht mein Leiden, Kreuz und Jammer,
Mein schwacher Leib schläft sanft in seiner Kammer,
Und wartet nur, bis Jesus diese Glieder Mir giebet wieder.

Ach, weinet nicht, daß ich gestorben: Ich habe ja nun ausgekrankt,
Was mir mein Jesus hat erworben, Das hab' ich in dem Tod erlangt.
Ich bin an einen Ort gebracht, Da meine Seel' in Frieden lacht.

Die Ruhe der Ueberwinder.

Wie sie so sanft ruh'n, Die treuen Ueberwinder,
Von allem Erdenthum, Als Gottes heil'ge Kinder.

Wie sie so sanft ruh'n! Der Kampf ist ausgerungen:
Sie haben ewig nun Den bösen Feind bezwungen.

Sie hat erlös't Gott: Das Kreuz ist ausgelitten;
Durch so viel Angst und Noth Die Lebenskron' erstritten.

Ja! aus der Trübsal Sind sie zu Gott gekommen,
Und aus dem Jammerthal Zu Ehren angenommen.

Dort in die Heimath Sind sie nun eingegangen,
Wo Jesus ewig hat Gestillet ihr Verlangen.

Nun hat die Unschuld Erfüllt ihr ganzes Wesen,
Sie sind durch Gottes Huld Von aller Sünd' genesen.

Sie seh'n den Heiland, Durch den sie überwunden,
Und den sie treu bekannt Bis zu den letzten Stunden.

O welch ein Reichthum Von sel'gen Himmelsschätzen!
Woran zu Gottes Ruhm Sie ewig sich ergötzen.

Der nie sein Wort bricht, Wird sie mit Trost erfrischen,
Von ihrem Angesicht Nun alle Thränen wischen.

Was hier kein Aug' sah, Hat ihnen Gott bereitet,
Und zu dem Stuhle da Des Lammes sie geleitet.

Und bei der Hochzeit Erglänzen sie voll Wonne
In ihrem Ehrenkleid Viel schöner, als die Sonne.

O wie so glorreich Sie Siegespalmen schwingen,
Und Gottes Engeln gleich Ihm Freudenpsalmen singen!

Rings durch das Weltall Ertönt ihr Jubiliren,
Da sie mit sel'gem Schall Sammt Christo triumphiren.

Wie sie so sanft ruh'n! Sie haben überwunden.
Laßt uns desgleichen thun, Bis wir auch Ruh gefunden.

(Aus „Hebet eure Häupter auf!" v. H. Fick.)

---

8. Für Blinde und Taubstumme.

400.

2 Sam. 22, 29. „Du, Herr, bist meine Leuchte. Der Herr machet meine
Finsterniß lichte."

Mußt' ich im Finstern sitzen, Warst du die Sonne mein:
Du hast mein Herz erleuchtet Mit deiner Gnade Schein.

401. (7. 370.)

Hiob 19, 25. 27. „Ich weiß, daß mein Erlöser lebet.... Denselben werde ich mir sehen ꝛc."

Ich weiß, daß mein Erlöser lebt. Wie wird es mich bereinst entzücken,
Wenn nun mein Geist zu Gott entschwebt, Und meine Augen ihn erblicken,
Und ich mit der erlösten Schaar Ihn fröhlich preise immerdar.

Dieser, meiner Augen Licht Wird ihn, meinen Heiland, kennen;
Ich, ich selbst, kein Fremder nicht, Werd' in seiner Liebe brennen;
Nur die Schwachheit um und an Wird von mir sein abgethan.

402.

Pf. 146, 8. „Der Herr macht die Blinden sehend."

Dort werd' ich einst im Lichte schauen, Was hier auf Erden dunkel war.
Auch mein Grab wird lichte sein Durch das Licht von Gottes Schein.

403.

Jef. 60, 20. „Deine Sonne wird nicht mehr untergehen, noch dein Mond den Schein verlieren; denn der Herr wird dein ewiges Licht sein, und die Tage deines Leidens sollen ein Ende haben."

Was für ein schönes Licht Wird mir dein Angesicht,
Das ich in jenem Leben Werd' erstmals sehen, geben!
Wie wird mir deine Güte Entzücken mein Gemüthe!

Gott Lob! einst kommt die schöne Zeit,
Da man an Gottes Herrlichkeit Sich ewig letzt.
O, führ' mein Heiland, mich dahin,
Wo ich bei dir, der Sonne bin, Die nie verletzt!

404.

Micha 7, 8. „So ich im Finstern sitze, so ist doch der Herr mein Licht."

Drum ist mein Glaube fest gegründet Auf ihn, den Fels, das ew'ge Wort,
Und leuchtet, an dem Licht entzündet, Und macht mich selig hier und dort.

405.

Micha 7, 9. „Er wird mich an's Licht bringen, daß ich meine Lust an seiner Gnade sehe."

Den Glanz der Sonne dieser Welt Sollt' ich zwar nicht erblicken;
Dafür soll mich im Himmelszelt Viel schön're Pracht entzücken.

Auf Erden lebte ich 84 Jahr Und bin jetzt bei des Lammes Schaar;
Seit 20 Jahren sah ich nicht Auf Erden dieses Tages Licht;
Doch sah ich Christi Licht und Gnadenschein,
Und ruf' euch Kindern zu: Hie ist gut sein!

406.

Offenb. 21, 23. „Die Herrlichkeit Gottes erleuchtet sie, und ihre Leuchte ist das Lamm."

Ob mich auch Blindheit getroffen, Der Glaube erlosch in mir nicht.
Nun hat sich erfüllet mein Hoffen: Nach dunkelsten Nächten folgt Licht.

Wie dank' ich dir, Herr Jesu! Nun hast du mich gebracht
Zum ew'gen Himmelslichte Aus meiner Erdennacht.

Wie ist nun alles Leid und Schmerz,
Die Thränen abgewischet; Getröstet ewiglich sein Herz,
Gestärket und erfrischet: Nun wohnet er in einem Licht,
Bei Christo dort, das nimmer nicht In Ewigkeit verlischet.

(Vergl. auch Pf. 42, 3. No. 374.)

407. (75.)

Marc. 7, 37. „Er hat alles wohl gemacht; die Tauben macht er hörend und
die Sprachlosen redend."

Kein Unglück ist in aller Welt Das endlich mit der Zeit nicht fällt
Und ganz wird aufgehoben.

408. (378.)

Pf. 126, 2. „Dann wird unser Mund voll Lachens rc."

O wie wohl ist mir geschehen, Daß ich keine Thränen mehr darf sehen!
Ich sing' und hör' jetzt singen Von Gott und sel'gen Dingen.

Gelöst ist nun der Zunge Band,
Geöffnet das verschloss'ne Ohr.
Es sprach der Herr sein mächtig: „Hephata!"
Nun hörst du deines Heilands Stimm',
Singst in des Himmels höh'rem Chor
Mit allen Sel'gen Hallelujah!

Hier ist der Engel Land, der sel'gen Seelen Stand;
Hier hör' ich nichts als Singen, Hier seh ich nichts als Springen,
Hier ist kein Kreuz, kein Leiden, Kein Tod, kein bitt'res Scheiden.

409.

Jes. 35, 6. „Alsdann wird der Stummen Zunge Lob sagen."

Da will ich herrlich singen Von Deinem großen Thun
Und frei von schnöden Dingen In meinem Erbtheil ruhn.

C. Für besondere Todesfälle.

1. Bei plötzlichem Tode.

410.

1 Sam. 20, 3. „Es ist nur ein Schritt zwischen mir und dem Tode."

Ich gehe aus oder ein, So steht der Tod und wartet mein.

Gar plötzlich war sein Sterben, Doch plötzlich auch sein Erben
Der Himmelslust und aller Pracht, Die ihm sein Heiland zugedacht.

(Vergl. No. 433.)

411.

Jof. 24, 15. „Erwählet euch heute, welchem ihr dienen wollt."

Wie schnell geht mancher doch zu Grab, Dich rief der Tod biß heut' nicht ab:
Thu' heute Buß' und säume nicht, Daß dir's im Tode nicht gebricht.

Denk oft an deinen Todestag, Ob der wohl heut' noch kommen mag?
Bist du in Christo stets bereit, Wohl dir, o wohl in Ewigkeit!

412.

Pf. 68, 21. „Wir haben einen Gott, der da hilft, und den HErrn HErrn,
der vom Tode errettet."

Christi Blut macht alles gut.

Mein Jesus ist mein Trost allein, Auf Jesum leb' ich und schlaf' ich ein.

413. (279.)

Pf. 39, 6. „Siehe, meine Tage sind einer Hand breit ꝛc."

Ich bin verhallt eh's Abend ist, Im Erdenbürgerreih'n, —
Doch möcht ich gern, o Jesu Christ, Bei dir auf ewig sein.

A. Knapp.

414.

Pf. 90, 7. „Das macht dein Zorn, daß wir so vergehen, und dein Grimm, daß
wir so plötzlich dahin müssen."

Wie kurz ist des Menschen Leben ꝛc.   (Seite 68.)

Es schickt der Tod nicht immer Boten Er kommt gar oft unangemeld't
Und fordert uns in's Reich der Todten; Wohl dem, der Herz und Haus bestellt.

B. Schmolke.

415. (31.)

Pf. 90, 12. „Herr, lehre uns bedenken ꝛc "

Herr, lehre mich bedenken Der Zeiten letzte Zeit,
Daß sich nach dir zu lenken Mein Herze sei bereit.

Merk' und behalt dies, was ich sag': Vergiß nicht deines Todes Tag,
Wie schnell er brechen wird herein: Vielleicht möcht' es noch heute sein.

Gewiß ist, daß du sterben mußt, Wann, wie und wo, ist unbewußt.
An allem Ort, all' Augenblick Wirft uns der Tod sein Netz und Strick;
Bist du nun klug, so sei bereit, Und warte sein zu jeder Zeit.

416.

Spr. Sal. 27, 1. „Rühme dich nicht des morgenden Tages, denn du weißt
nicht, was sich heute begeben mag."

417.

Pred. Sal. 9, 12. „Der Mensch weiß seine Zeit nicht "

O mache mich, Herr, stets bereit Hier in der Zeit zur Ewigkeit.

Mein Gott, ich weiß nicht, wann ich sterbe, Kein Augenblick geht sicher hin.
Wie bald zerbricht doch eine Scherbe, Die Blume kann sehr leicht verblüh'n.
D'rum mache mich nur stets bereit Hier in der Zeit zur Ewigkeit.

Nichts ist gewisser, als der Tod,
Nichts ungewisser, als die Todesstunde,
Heut' sind noch deine Wangen roth,
Und morgen sinkst du hin mit bleichem Munde.
Darum bedenk' dein Ende doch noch heut',
Daß du erlangst die ew'ge Seligkeit.

418. (45. 438.)

Jef. 28, 29. „Des Herrn Rath ist wunderbarlich rc."

Gott dem Herrn, der dich gegeben Und dich früh genommen hat,
Wollen wir uns still ergeben, Ist auch wunderbar sein Rath.

Weinet nicht, ihr lieben Alten Euer Sohn ist wohl daran.
Lasset euren Heiland walten, Was er thut ist wohlgethan!

Wir wollen's nicht beklagen, Daß du starbst, ehe wir's gedacht,
Sondern in Demuth sagen: Der Herr hat alles wohlgemacht!

Wir preisen Gott und beten an: Was Gott thut, das ist wohlgethan.

Dein Rath, Herr, scheint uns wunderlich; Doch ehr'n wir unter Thränen dich.

Deine Gerichte, Gott, sind unbegreiflich, Gar unerforschlich alle deine Wege.
Wunderlich führst du uns durch's Thal der Thränen, Doch aber selig.

419.

Jef. 38, 13. „Ich dachte: Möchte ich bis Morgen leben!.. Aber du machst es
mit mir ans den Tag vor Abend."

Wer dieses liest, blick' auf zu Gott Und sprech': Hilf, Herr, in Todesnoth!

Es kann vor Nacht leicht anders werden, Als es am frühen Morgen war;
Denn weil ich leb' auf dieser Erden, Leb' ich in steter Todsgefahr.
Mein Gott, ich bitt' durch Christi Blut, Mach's nur mit meinem Ende gut.

420. (278.)

Weish. 4, 14. „Seine Seele gefällt Gott rc."

Gott eilet mit den Seinen,
Läßt sie nicht lange weinen In diesem Thränenthal.
Ein schnell und selig Sterben
Heißt schnell und glücklich erben
Des schönen Himmels Ehrensaal.

421.

Matth. 24, 42. „Wachet, denn ihr wisset nicht, welche Stunde euer Herr.
kommen wird."

422.

Marc. 13, 37. „Was ich aber sage, das sage ich allen: Wachet!"

Sei munter, bet' mit Fleiß und wache, Sieh', daß du stets in Gottes Sache
Treu erfunden werdest.

Du weißt nicht, wenn der Herre kommt, Denn er dir keine Zeit bestimmt,
Sondern stets heißt wachen.

Wach' auf, o Mensch, vom Sündenschlaf,
Ermunt're dich, verlor'nes Schaf Und beff're bald dein Leben!
Wach' auf, es ist schon hohe Zeit,
Es kommt heran die Ewigkeit, Dir deinen Lohn zu geben.
Vielleicht ist heut' der letzte Tag:
Wer weiß, wie man noch sterben mag!

423.

Luc. 12, 37. „Selig sind die Knechte, die der Herr, so er kommt, wachend
findet."

Indem du lebest, lebe so, daß du kannst selig werden.
Du weißt nicht, wann, wie oder wo Der Tod um dich wird werben.

Wie Gott mir's Leben abgenommen, So wird auch dir der Tod bald kommen;
Lieber Mensch, so schicke dich, Daß du sterbest seliglich.

424.

Joh. 6, 47. „Wer an mich glaubt, der hat das ewige Leben."

Um einen ew'gen Kranz Mein armes Leben ganz.

425.

1 Cor. 7, 28. „Die Zeit ist kurz."

Bedenke Mensch! das Ende, Der Höllen Angst und Leid,
Daß dich nicht Satan blende Mit seiner Eitelkeit.

Steh' still an dieser Stätte, Wo meine Hülle liegt.
Wer weiß, wo man dein Bette im kühlen Sande bricht;
Was wär' ich, wenn nicht hätte Der Herr den Tod besiegt!
D'rum eh' dein Stündlein kommen, Mach' dich mit ihm bekannt;
Dann ruhst sammt allen Frommen Du süß in seiner Hand.

426.

1 Cor. 15, 30. „Ich sterbe täglich!"

Christus, der ist mein Leben, Sterben ist mein Gewinn.

Mein Gott, ich bitt' durch Christi Blut: Mach's nur mit meinem Ende gut!

Hilf Gott, daß ich in Zeiten Auf meinen letzten Tag
Mit Buße mich bereiten Und täglich sterben mag.

Bedenke, Mensch! das Ende, Bedenke deinen Tod;
Der Tod kommt oft behende. Der heute frisch und roth,
Kann morgen und geschwinder Hinweggestorben sein.
D'rum bilde dir, o Sünder, Dein täglich sterben ein.

427.

Eph. 5, 16. „Kaufet die Zeit aus"

Bedenke, Mensch! das Ende, Bedenke stets die Zeit,
Daß dich ja nichts abwende Von jener Herrlichkeit,
Damit vor Gottes Throne Die Seele wird verpflegt.
Dort ist die Lebenskrone Den Frommen beigelegt.

428. (175.)

Ebr. 9, 27. „Es ist den Menschen gesetzt einmal zu sterben, darnach aber das Gericht."

Wir müssen alle Tag und Zeit Zum letzten Tage sein bereit.

Schnell schwindet uns're Lebenszeit. Nach Sterben folgt die Ewigkeit:
Wie man die Zeit hier angewandt, So folgt der Lohn aus Gottes Hand.

O Mensch, erheb' dich nicht zu viel, Dir ist gesteckt ein kurzes Ziel:
So hat ein End' dein' stolze Pracht, Und wirst zu Asch' und Staub gemacht;
Dein' schön' Gestalt gar wird zu nicht', Und mußt dazu vor Gott's Gericht.

429.

Offenb. 16, 15. „Selig ist, der da wachet und hält seine Kleider, daß er nicht bloß wandele."

D'rum so laßt uns immerdar Wachen, flehen, beten,
Weil die Angst, Noth und Gefahr Immer näher treten;
Denn die Zeit Ist nicht weit,
Da uns Gott wird richten Und die Welt vernichten.

2. Für Verunglückte.

430.

Hiob 5, 19. „Aus sechs Trübsalen wird er dich erretten, und in der siebenten wird dich kein Uebel rühren."

Hilf, Helfer, hilf in Angst und Noth, Erbarm dich mein, o treuer Gott!
Ich bin ja doch dein liebes Kind, Trotz Teufel, Welt und aller Sünd'.

431.

Jes. 35, 10. „Die Erlösten des Herrn werden wiederkommen, und gen Zion kommen mit Jauchzen. Ewige Freude wird über ihrem Haupte sein; Freude und Wonne werden sie ergreifen, und Schmerz und Seufzen wird weg müssen."

Fahr' hin, o Welt! Ihr Freunde, gute Nacht!
Ich schließe meinen Lauf Und allen Jammer, der mich troffen;
Wohl mir, ich seh' den Himmel offen: Es ist vollbracht.

432.

Jes. 38, 1. „Bestelle dein Haus; denn du wirst sterben und nicht lebendig bleiben."

Mitten wir im Leben sind 2c. (No. 237.)

Durch Eisenbahn.

Der Vater (Bruder) kam nicht wieder —— Ein Bahnzug warf ihn nieder:
Ein Augenblick ——ein Schrei der Noth, Ein Zittern noch ——da war er todt.

Wir sah'n ihn nicht verscheiden; Engel, die uns begleiten,
Die drückten ihm die Augen zu Und trugen ihn zur ew'gen Ruh'.

Was woll'n wir uns betrüben? Er ist uns ja geblieben:
Gott hat ihn nur zu sich entrückt, Und ihn mit ew'ger Freud' beglückt.

Hinweg aus der Synode, Ging er zu seinem Tode;
Und durch den Tod zu Jesu Christ, Wo ewiglich Synode ist.

Gott ist und bleibet stets getreu, Er steht uns auch im Tode bei,
Wenn alle Ding' abstehen; Er lindert unsre letzte Qual,
Läßt uns hindurch in's Himmels Saal Getrost und fröhlich gehen.

Durch Feuer, Wasser ꝛc.
433. (236.)

Jes. 43, 1. (No 46) u. 2. „So du durch's Wasser gehest, will ich bei dir
sein, daß dich die Ströme nicht sollen ersäufen; und so du durch's
Feuer gehest. sollst du nicht brennen, und die Flamme soll dich nicht
anzünden.“

Mein Gott, du bist und bleibst mein Gott! Das macht mir tausend Freuden.
Es kann mich weder Noth noch Tod Von deiner Liebe scheiden.

Dieses Grab nahm einen Jüngling auf,
Dem ein Unfall endete den Lauf,
Der gesund am Morgen von den Seinen ging,
Und den schon am Mittag Todeskampf umfing.
Wir ersehn an ihm, der schwer und schmerzlich litt:
„Zwischen mir und meinem Tod' ist nur Ein Schritt.“

(Vergl. No. 410.)

Durch Sonnenstich.
434

Jes. 49, 10. „Sie wird weder hungern noch dürsten, sie wird keine Hitze noch
Sonne stechen; denn ihr Erbarmer wird sie führen, und wird
sie an die Wasserquellen leiten.“

435.

Offenb. 7, 16. „Sie wird nun nicht mehr hungern noch dürsten, es wird auch
nicht auf sie fallen die Sonne oder irgend eine Hitze, denn das
Lamm mitten im Stuhl wird sie weiden und leiten zu den
lebendigen Wasserbrunnen.“

„Warum hast du das gethan?“ Fragt das Herz mit Weinen.
Ach wie schmal ist, Herr, die Bahn, Die du führst die Deinen.
Doch sei still, o schwaches Herz: Mag Gott zornig scheinen,
Führt er uns doch himmelwärts; Kann's nicht böse meinen.

436.

Amos 3, 6. „Ist auch ein Unglück in der Stadt, das der Herr nicht thue?“

All mein Glück und Unglücke Ist doch vom lieben Gott:
Ich weiche nicht zurücke Und fleh' in meiner Noth,
Wie sollt' er mich nicht trösten, Der treue Vater mein?
Denn wenn die Noth am größten, Will er g'wiß bei mir sein.

437. (110.)

Actor. 7, 58. „Herr Jesu, nimm meinen Geist auf!"

Wenn nun das Grab nimmt seinen Raub, So kehr'n wir um zu unserm Staub.
Weil dann kein Mensch uns helfen kann, Rufe man Gott um Hilfe an.

> Herr, meinen Geist befehl' ich dir,
> Mein Gott, mein Gott, weich nicht von mir,
> Nimm mich in deine Hände!
> O wahrer Gott! aus aller Noth Hilf mir am letzten Ende.

> Hilf, Helfer, hilf in Todesnoth, Laß mich nicht lange quälen;
> Dir will ich meine Seel', o Gott, Zu treuer Gnad' befehlen.

Vor einem bösen schnellen Tod Behüt' uns, lieber Herre Gott!

---

3. Für verschiedene andere Fälle.

Am Jubelfeste plötzlich gestorben.

438. (45. 418.)

Jes. 28, 29. „Des Herrn Rath ist wunderbar rc."

> Wer kann es recht verstehen? Doch was geschieht,
> Das ist zuvor vom Herrn versehen.
> O, schleunigst solltest du zum Ziel gelangen,
> Zum Jubelfeste, das dir Gott bereit't,
> Wo Triumphirende mit Siegeskronen prangen,
> Wo Freude dich entzückt in alle Ewigkeit.

Einem Convertiten.

439.

Jer. 20, 7. „Herr, du hast mich überredet, und ich habe mich überreden lassen;
du bist mir zu stark gewesen, und hast gewonnen."

440.

Actor. 4, 12. „Es ist in keinem andern Heil, ist auch kein anderer Name den
Menschen gegeben, darinnen sie sollen selig werden, denn allein
in dem Namen Jesu Christi."

> Wehe dem, der meiner fluchet! Denn ich bin in Gottes Hut,
> Wohl dem, der mit mir gesuchet Meines Herren Christi Blut!

Setzt mir diese Grabschrift bei, Daß Christi Kreuz mein Anker sei.

> O Jesu, treuer Hirte, Du suchest das Verirrte,
> Du liebest arme Sünder Wie deine lieben Kinder.

Einem fleißigen Kirchgänger.

441.

Psl. 126, 8. „Herr, ich habe lieb die Stätte deines Hauses und den Ort, da
deine Ehre wohnet."

Ach Herr und Gott, schaff' immerdar, Daß wir des Kirchgangs nehmen wahr,
Daß er uns sei ein Bild bequem Vom Gang nach dem Jerusalem,
Das droben ist, Da du, Herr Christ, Der Sel'gen Ein und alles bist.

Einem Bergmann.

Ich bin Gottes, Gott ist mein, Drum bin ich des Himmels Erbe.
Fahr' zum letzten Mal ich ein In die Grube, wenn ich sterbe,
Deckt den Leib mit Erde zu; Doch die Seele nimm behende,
Lieber Obersteiger, du Auf in deine Himmelsruh'!
Himmelfahren: Bergmanns Ende.

Zu Advent oder Weihnacht Gestorbenen.

Jetzt bitten wir: Zeuch zu uns ein, Komm' doch herab auf Erden!
Wird unser Lauf vollendet sein, Daß wir nun selig werden,
O dann sprich du: Zieht zu mir ein! Was wird das für ein Christfest sein!

Weil mein Erlöser hat die Menschheit angenommen,
So bin auch ich durch ihn zur Rechten Gottes kommen.

Der ohne Sünden war geboren, Trug für uns Gottes Zorn,
Hat uns versöhnet, Daß uns Gott seine Huld gönnet.

Du König der Ehren, Jesu Christ, Gott Vaters ewiger Sohn du bist,
Der Jungfrau Leib nicht hast verschmäht, Zu erlösen das menschlich Geschlecht;
Du hast dem Tod zerstört sein Macht Und all' Christen zum Himmel bracht.

Zu Neujahr Gestorbenen.
442. (180.)
Offenb. 1, 8. „Ich bin das A und das O, ꝛc."

Er ist des Vaters ew'ges Wort, Das A und O, Anfang und Ende,
Ich bin bei ihm jetzt immerfort, Und weiß von keiner Jahreswende.

In der Passionszeit (Charwoche, Charfreitag) Gestorbenen.
443.
Joh. 3, 14. f. „Wie Moses in der Wüste eine Schlange erhöht hat, also muß
des Menschen Sohn auch erhöhet werden, auf daß alle, die an
ihn glauben, nicht verloren werden, sondern das ewige Leben
haben."

444. (336.)
Joh. 19, 30. „Jesus sprach: Es ist vollbracht; und neigete das Haupt und
verschied."

Er stirbt, mein Hirt, ich soll nicht sterben,
Sein Tod die Macht dem meinen raubt;
So darf ich nun das Leben erben:
Der stirbt nicht, der an Jesum glaubt.

Strick ist entzwei, Und wir sind frei!
Es ist vollbracht! Aus Grabesnacht,
Aus Tod und Höll' Hat uns erlöst Immanuel. Hallelujah!

Der einst sprach: „Es ist vollbracht!" Führt mich durch die dunkle Nacht,
Wenn mein Aug' im Tode bricht, Zu des ew'gen Lebens Licht.

Dort werden wir uns alle wiedersehen
Wenn wir gläubig hier gebetet und gewacht.
Nun so soll denn Gottes Wille stets geschehen,
Bis auch wir einst stammeln: Herr, es ist vollbracht!

Das Gotteslamm wollt' darum sterben, Um uns das Leben zu erwerben.

Mein Heiland ist für mich gestorben, Hat mir die Seligkeit erworben.

Dein Leiden, Herr Jesu, dein Kreuzestod
Gibt Labsal und Frieden in Todesnoth.

Ein Arzt ist uns gegeben, Der selber ist das Leben:
Christus, für uns gestorben, Hat uns das Heil erworben.

Jesus ist für mich gestorben, Und sein Tod ist mein Gewinn:
Er hat mir das Heil erworben, D'rum fahr' ich mit Freuden hin.

Fröhlich, selig schliefst du ein Mit dem festen Glauben:
Christus starb für mich am Kreuz; Tod, was kannst du rauben?

Frieden hab' ich nun gefunden, Den mein Jesus mir erstritt,
Da er in den Marterstunden Auch für mich am Kreuze litt.

Leben hat auch mir erworben Jesus Christ mit seinem Blut,
Da er ist am Kreuz gestorben Allen und auch mir zu gut.

Ich darf nicht mehr vor meinem Grab erschrecken,
Da Gottes Sohn sich in das Grab läßt strecken.
Sein Grab macht meins zur sanften Lagerstätt',
Zum Schlafgemach, zum stillen Ruhebett.

445.

Offenb. 5, 5. „Weine nicht; siehe, es hat überwunden der Löwe, der da ist vom Geschlecht Juda, die Wurzel Davids."

Mich tröstet eine Stimm' im Himmel: Weine nicht;
Der Gläubigen Gefahr und Schrecken ist verschwunden,
Der Löw' aus Judas Stamm hat glücklich überwunden.

In des Herren Jesu Wunden Hab' ich mich geschlossen ein,
Da ich alles reichlich funden, Wodurch ich kann selig sein.

Zu Ostern Gestorbenen.

446. (84.)
Luc. 24, 34. „Der Herr ist wahrhaftig auferstanden."

447. (131.)
1 Cor. 15, 20. „Nun aber ist Christus auferstanden rc."

448. (136 f.)
1 Cor. 15, 55. 57. „Der Tod ist verschlungen rc." (Und andere Sprüche.)

Wer hier wird geistlich aufersteh'n, Der wird auch dort zum Leben geh'n.
Weil Christus selbst ist auferstanden, Sind wir auch frei von Todesbanden.

Jesus Christus, unser Heiland, Der den Tod überwand,
Ist auferstanden, Die Sünd' hat er gefangen.

Seit in Josephs stillem Garten Christus, unser Heiland, lag,
Wohnt hier seliges Erwarten Bis zum sel'gen Ostertag.

Du ließest nur deine Hülle, Noch hier als Osterkeim,
Doch deine gläubige Seele: Hallelujah! sie ist daheim.

Bei Christo, ihrer Ostersonne, Ist frommer Seelen Freud' und Wonne.

Gott Lob! der Tod als Schreckensfürst Hat seinen Sieger funden;
Ob er auch noch nach Beute dürst't: Er liegt nun überwunden.

Gott Lob! der Tod als Tod ist todt:
Getödtet hat der starke Gott Den grimm'gen Menschenmörder.

Sein'n Raub der Tod mußt fahren la'n,
Das Leben siegt und g'wann ihm an,
Zerstört ist nun all' seine Macht,
Christ hat das Leben wiederbracht.

In kurzem wach' ich fröhlich auf,
Mein Ostertag ist schon im Lauf,
Ich wach' auf durch des Herren Stimm',
Veracht' den Tod mit seinem Grimm. Hallelujah!

Durch Christi Auferstehung Kraft Komm' ich zur Engel-Bruderschaft;
Durch ihn bin ich mit Gott versöhnt, Die Feindschaft ist ganz abgelehnt.

Durch Grabesdunkel geht der Christ Dahin, wo sein Erlöser ist.

Sein Siegesbanner wehet, Sein ist nun Kraft und Ehr';
Ein Reich, das nicht vergehet Und aller Engel Heer.
Mit deiner Siegesfahne Komm, Christe, auch zu mir,
Und dann den Weg mir bahne Aus Erd' und Grab zu dir.

Sterb' ich auch gleich und komm ins Grab, Mein'n Sabbath ich darinnen hab',
Am jüngsten Tag weckt Jesus mich, Führt in den Himmel mich mit sich.

Da hab' ich meinen Ostertag, Bin frei und ledig aller Plag',
Daß ich kann seine Herrlichkeit Anschauen ewig voller Freud'. Hallelujah!

Mein Leib schläft hier gar wohl geborgen
Im stillen und friedlichen Kämmerlein.
Bald kommt der Auferstehungsmorgen,
Dann geht er mit Jesu zum Himmel ein.

Auf Christi Himmelfahrt Gestorbenen.

449. (101.)

Joh. 14, 2. „Ich gehe hin, euch die Stätte zu bereiten."

Zeuch uns nach dir Nun für und für,
Und gib, daß wir nachfahren Dir in dein Reich,
Und mach uns gleich Den auserwählten Schaaren.

Auf Christi Himmelfahrt allein Ich meine Nachfahrt gründe,
Und allen Zweifel, Angst und Pein Hiemit stets überwinde;
Denn weil das Haupt im Himmel ist, Wird seine Glieder Jesus Christ
Zur rechten Zeit nachholen.

Du hast durch deine Himmelfahrt Die Straße uns bereitet,
Du hast den Weg uns offenbart, Der uns zum Vater leitet:
Und weil denn du, Herr Jesu Christ, Nun stets in deiner Wohnung bist,
So werden ja die Frommen Dahin auch zu dir kommen.

So fahr' ich hin zu Jesu Christ, Mein' Arm' thu' ich ausstrecken;
So schlaf ich ein und ruhe fein, Kein Mensch kann mich aufwecken,
Denn Jesus Christus, Gottes Sohn, Der wird die Himmelsthür aufthun,
Mich führ'n zum ew'gen Leben.

D. Gemeinsame Grabschriften.

1. Für mehrere Angehörige.

450. (332.)

Ruth. 1, 16. f. „Rede mir nichts darein 2c."

451. (S. 7.)

Hesek. 37, 12. „So spricht der Herr: Siehe, ich will eure Gräber aufthun,
und will euch, mein Volk, aus denselben herausholen"

Einst wird ein Tag, der große Tag erscheinen,
Wo Seel' und Leib sich herrlich neu vereinen;
Heil uns! Wir sollen auferstehn.

Künftig wird die Zeit erscheinen, Da ihr werdet aufersteh'n,
Lebend und mit Fleisch und Beinen Werdet aus dem Grabe geh'n.

Von allem Erdenleid und Jammer Ruh'n hier der Christen Leiber aus,
Bis sie aus stiller Grabeskammer, Der Heiland führt ins Vaterhaus.

452. (103.)

Joh. 14, 19. „Ich lebe, und ihr sollt auch leben."

Es war getödtet Jesus Christ, Und sieh, er lebet wieder:
Weil nun das Haupt erstanden ist, Steh'n wir auch auf, die Glieder.

Dem Herrn sei ewig Lob gebracht, Daß Höll' und Tod bezwungen,
Daß Christus durch des Grabes Nacht Für uns hindurchgedrungen.

Christus ist für uns gestorben Hat das Leben uns erworben!
Dieses unsers Glaubensgrund Gab uns Trost in Todesstund'.

453. (121.)

Röm. 8, 28. „Wir wissen aber, daß denen 2c."

O, wie ist uns nun so wohl! Wir sind alles Trostes voll,
Wir sind aller Angst entbunden, Alles Leiden ist verschwunden.

Herr, wie du willt! Ob es auch schwer ist zu ertragen:
Mit Weib und Töchtern und dem Sohn Eilst du in Einem Jahr davon.
Das heißet vierfach hart geschlagen; Doch: Wie du willt!

Vaterthränen flossen auf dem Krankenbette,
Mutterthränen fielen auf des Grabes Rand,
Als man dieses Kindlein bracht' zur Ruhestätte,
Die der Vater auch nach wenig Tagen fand.
Beide kann kein Wechsel mehr dem Heiland rauben.
Gattin, Mutter und Verwandte: Folgt im Glauben.

Fahret wohl in Christo, Theu'rgeliebte! Deren frühes Scheiden uns betrübte.
Gott erhalte uns in seiner Gnade, Daß wir bleiben auf dem schmalen Pfade,
So wird uns einst ewig Wohlergehen, Sel'ges Leben, frohes Wiedersehen.

Nun gute Nacht! Ihr heiß von mir geliebten Seelen.
Ihr seid im ew'gen Vaterland, Darin euch lauter Lust bekannt,
Drum soll mich keine Trauer quälen,
Daß ihr so früh den Lauf vollbracht. Nun gute Nacht!

454.

1 Cor. 10, 4. „Sie tranken von dem geistlichen Fels, der mit folgte, welcher war Christus."

455.

Col. 3, 3. 4. „Ihr seid gestorben, und euer Leben ist verborgen mit Christo in Gott. Wenn aber Christus, euer Leben, sich offenbaren wird, dann werdet ihr auch offenbar werden mit ihm in der Herrlichkeit.'

456, a.

1 Petri 2, 9. „Ihr aber seid das auserwählte Geschlecht, das königliche Priesterthum, das heilige Volk, das Volk des Eigenthums."

Zu Königen und Priestern Hat er uns erwählt;
Den Engeln als Geschwistern In Gnaden zugezählt.
Als er uns erkaufte Mit Jesu Herzblut;
Mit seinem Geist uns taufte Zum ew'gen Gnadengut.
(Vergl. auch d. No. 257—262.

456, b. (164.)

2 Tim. 4, 7. 8. „Ich habe einen guten Kampf 2c. 2c."

Du nahmst uns unsre Lieben Für eine kurze Spanne Zeit,
Du schenkest sie uns wieder Die ganze sel'ge Ewigkeit.

Ihr habet nun den Lauf vollendet Und einen guten Kampf gekämpft.
Nun hat sich euer Leid gewendet — Und eure Schmerzen sind gedämpft.
Ihr stehet nun vor Gottes Throne Mit weißen Kleidern angethan;
Und auf dem Haupt die Siegeskrone Schaut ihr den Vater selig an.

2. Auf eine Familiengruft.

457. (262.)

Ebr. 2, 13. „Siehe da, ich und die Kinder, welche mir 2c."

Wenn hier von uns, die Gott vereint, Der letzte nun hat ausgeweint,
Dann wird ein frohes Wiedersehn Auf ewig unser Glück erhöhn.

Wie schön wird's sein, wenn ich sie wiedersehe,
Die Theuren alle, die ich hier geliebt,
Wenn ich mit ihnen in des Heilands Nähe,
Lobsingend weil', durch Trennung nie getrübt.

Dem letzten Mitgliede einer Familie.

Die letzten Thränen sind geweint, Nichts kann dich mehr betrüben,
Du bist in Ewigkeit vereint Mit allen deinen Lieben.

III.

Auf ein Crucifix auf dem Kirchhofe und auf ein Kreuzdenkmal.

Ihr Brüder, festgestanden! Hier ist das Kreuzpanier.
Dort oben ist vorhanden Der ew'gen Krone Zier.

Hier ist das recht' Osterlamm, Davon Gott hat geboten,
Das ist an des Kreuzes Stamm In heißer Lieb' gebraten;
Deß' Blut zeichnet uns're Thür, Das hält der Glaub' dem Tod für:
Der Würger kann uns nicht rühren.

O Jesu Christ, Gestorben bist Am Kreuzesstamm, Du Gotteslamm,
Dein' Wunden roth In aller Noth, Dein theures Blut Kommt mir zu gut.
In deinem Reich, Den Engeln gleich.

Kreuzträger, die ihr sucht nach Trost In eurer bittern Thränenkost,
Wohlan, hier findet ihr den Mann, Der euch gar lieblich trösten kann.

Kreuzdenkmal.

Setzt mir diese Grabschrift bei, Daß Christi Kreuz mein Anker sei.

Ob auch die Welt in Trümmer geht, Das Kreuz doch unerschüttert steht;
Ob auch das Herz im Kampfe bricht: O Jesu Christ, dich laß' ich nicht!

Das Kreuz war stets mein Heilspanier,
Das Kreuz mein Schmuck und meine Zier,
Das Kreuz mein Christenerbe.
Am Kreuze Christus um mich warb, Im Kreuz mein alter Mensch verdarb,
Daß ich nicht ewig sterbe.

Der Christen Herz auf Rosen geht, Wenn's mitten unterm Kreuze steht.

458.

1 Cor. 13, 8. „Die Liebe höret nimmer auf!"

Deckt mir mein Bett mit grünen Rasen Und stellt ein schlichtes Kreuz darauf,
Und darauf könnt ihr schreiben lassen: „Die Liebe höret nimmer auf!"

IV.

Ueber den Eingang eines Gottesackers.

(Vive, ut vivas!) „Lebe so, daß du das ewige Leben nicht verlierest!"

(Dieses Motto im Kreise geschrieben, und innerhalb desselben einen strahlen-
den Stern, in dessen Mitte das Wort: „Christus" steht.)

Du Weltmensch, der du hier etwa Dem Todtenhofe kommest nah:
Lass' ab von deiner Eitelkeit! Denn merk': Dein End' ist auch nicht weit.

Die ihr allhier vorübergeht, Denkt wie die Sach' mit uns jetzt steht!
Was ihr jetzt seid, war'n wir auf Erden, Was wir jetzt sind, werdet ihr werden.

O Sündenmensch, bedenk' den Tod, Der letzten Stunde Angst und Noth!
Mach' dich mit wahrer Buß' bereit, Zu leben in der Ewigkeit.

O, ihr Menschen, betrachtet eben Uns Todte in eurem Leben,
Denn wie ihr seid, so waren wir, Und wie wir sind, so werdet ihr.

Mit jeder Stunde, Mensch, Eilst du dem Grabe zu.
Bedenk' es: Wie du lebst, So stirbst und fährest du.

Mensch, lerne sterben, eh' du stirbst, Damit du ewig nicht verdirbst,
Wenn Gott die Welt wird richten.

Die beste Kunst auf dieser Erden Ist, wie man selig sterben kann.
Wer die will recht gelehret werden, Der muß bei Zeiten fangen an.

459.

Jer. 31, 21. „Richte dir auf Grabzeichen, setze dir Trauermale."

Memento mori! Bereue deine Sünden und thue Buße!
Glaube an eine ewige Erlösung!

Heut' lebst du, heut' bekehre dich: Eh' morgen kommt, kann's ändern sich.

Denk' oft an deine Todten, Die selig sind bei Gott;
Sie sei'n dir stille Boten: „Denk' auch an deinen Tod!"

460.

Dan. 12, 2. „Viele, so unter der Erde schlafen liegen, werden aufwachen,
etliche zum ewigen Leben, etliche zu ewiger Schmach und
Schande."

461.

Joh. 5, 28. f. „Es kommt die Stunde, in welcher alle, die in den Gräbern sind, werden seine Stimme hören, und werden hervorgehen, die da Gutes gethan haben, zur Auferstehung des Lebens, die aber Uebels gethan haben, zur Auferstehung des Gerichts."

Mit Leid und bittern Zähren Man hier die Saat bestellt,
Doch reifen hier auch Aehren Für eine bess're Welt.

Gewiß ist, daß da zum Gericht Des Menschen Sohn wird kommen;
Wo er das letzte Urtheil spricht Den Bösen und den Frommen;
Da gehet dieser himmelein Und jener wird verdammet sein.

Mensch, wie du glaubst, so lebst du, Und wie du lebst, so stirbst du,
Und wie du stirbst, so fährst du, Und wie du fährst, so bleibst du:
Im Himmel zur Freud', In der Hölle zum Leid;
An beiden Orten in Ewigkeit.

Gedenk', du bist hier nur ein Gast, Du kannst nicht lange bleiben;
Die Zeit läßt dir kein' Ruh' noch Rast, Bis sie dich thut vertreiben.
So eile zu dem Vaterland, Das Christus dir hat zugewandt
Durch sein heiliges Leiden.

Ihr Leichenträger mit dem Sarg, Bedenkt es recht: Die Welt ist arg!
Auch ihr nach einem kurzen Leben Müßt hier auf fremden Schultern schweben.
Ihr, die ihr hinter Särgen weint Um eures Lebens beste Freund',
O hängt auf dieser schweren Bahn Dem allerbesten Freund euch an,
Der euch und sie nach Thränenblicken Kann mit dem Wiedersehn erquicken.

Luther über den Gottesacker.

„Als wir hier zu Wittenberg einen Kirchhof haben, sollte uns nicht allein die Noth, sondern auch die Andacht und Ehrbarkeit dazu treiben, ein gemein Begräbniß außen vor der Stadt zu machen. Denn ein Begräbniß sollte ja ein feiner stiller Ort sein, der abgesondert wäre von allen Orten darauf man mit Andacht gehen und stehen könnte, den Tod, das jüngste Gericht und Auferstehung zu betrachten und zu beten; also, daß derselbige Ort gleichsam eine ehrliche, ja, fast eine heilige Stätte wäre, daß einer mit Furcht und allen Ehren darauf könnte wandeln; weil ohne Zweifel etliche Heilige da liegen; und daselbst umher an den Wänden könnte man solche andächtige Bilder und Gemälde lassen malen." (X. 2346.) Gerade in jetziger Zeit, in welcher die heidnische Sitte, die Leichname nicht der Mutter Erde in den Schooß und als Saatkörner der Auferstehung in den Acker Gottes zu legen, sondern dem Feuer zu übergeben, mehr und mehr aufkommen will, sollten wir Christen unsere Begräbnißstätten um so werther, ja, heiliger halten. Dazu gehört aber unter Anderem auch dies, daß die christlichen Gemeinden auf denselben keine Grabmonumente mit heidnischen Sinnbildern und unchristlichen Grabinschriften auf ihrem Gottesacker dulden." (Dr. Walther, im „Lutheraner," 41, 56.)

V.

Praktische Winke und Rathschläge.

Wir pflegen einen Begräbnißort mit verschiedenen Namen zu bezeichnen. Gewöhnlich nennen wir ihn K i r c h h o f, weil es, wo es angeht, Sitte ist, die Todten in nächster Umgebung der Kirche zu begraben; dadurch wird die geistliche Gemeinschaft derer, die noch in der streitenden Kirche leben, und derer, die durch einen seligen Tod bereits in die triumphirende Kirche versetzt wurden, angedeutet. Ein solcher Ort wird auch F r i e d h o f ge= nannt, eingedenk des Friedens und der Ruhe der Leiber in der Grabes= kammer, sowie auch des durch einen sel. Tod erlangten Seelenfriedens im Himmel.

> Das gläub'ge Herz hienieden, Von manchem Sturm bewegt,
> Erlange den wahren Frieden Erst, wenn es nicht mehr schlägt.

Auch

G o t t e s a c k e r heißt der weite Platz, Darein Gott säet seinen höchsten Schatz:
Viel tausend Weizenkörnelein, Die Leib'r der lieben Christen sein,
Die sollen alle zu seiner Zeit Grünen in großer Herrlichkeit,
Ihr' Asche, Staub, Bein, Haut und Haar Sollen gleich werden der Sonne klar.

Schon hieraus empfiehlt es sich von selbst, daß man den Begräbniß= platz reinlich und ordentlich halte, denselben nicht vernachlässigen noch miß= brauchen lasse.

Insofern wäre etwa folgendes zu beachten:

Derselbe sollte nach außen durch sichere „ E i n f r i e d i g u n g " ab= geschlossen sein, und nicht etwa der Schuljugend zum offenen Spielplatz dienen, oder sonst Unberufenen beliebigen Zutritt gewähren.

Damit er nicht ein „verwildert" Aussehen bekomme, empfiehlt es sich: Die H a u p t w e g e auf demselben mit Kies, Gerberlohe, oder dergleichen zu bedecken, um Unkraut von denselben fern zu halten; das Gras zwischen den Gräbern und auf unbenutzten Theilen desselben rechtzeitig abzuschneiden (nicht abzuweiden); die Gräber r e i h e n in gerader Linie und nicht allzu= nahe aneinander anzulegen, sowie die e i n z e l n e n Gräber durch ent= sprechende Entfernung von einander leicht zugänglich zu machen.

Die Liebe läßt es sich auch nicht nehmen zur Erhaltung der G r a b = h ü g e l selbst das Ihrige zu thun. Hierfür wäre ein 2—3 Fuß hoher hölzerner Zaun um das Grab wohl zweckmäßig, aber nicht gerade hübsch; geeigneter dagegen ist eine n i e d r i g e Einfassung von Stein oder Rasen. Dem Grabe selbst ein gefälliges Aussehen zu geben, dient wohl am besten eine kurz gehaltene, über dem das Grab umgebenden Boden unmerklich erhöhte Rasendecke, mit „Immergrün" oder „Epheu" oder einigen Blumen= stöcken als sinnigem Schmuck. Das Grab ganz zum Blumenbeet zu machen ist weniger geschmackvoll.

H o h e s G r a s und Sträucher, auch tief herabhängende Zweige von Bäumen sollten nicht in unmittelbarer Nähe von Grabsteinen belassen werden, weil sie, namentlich in wärmeren Gegenden, sehr viel zur Ver= witterung derselben beitragen; diese werden davon moosig, bekommen mit der Zeit einen schwärzlichen, schwer zu entfernenden Ueberzug, der die In= schrift bald unleserlich macht.

Will man an paffenden Stellen des Kirchhofes B ä u m e pflanzen und pflegen, fo ift deren Auswahl Geschmacksache; vieler Orten beliebt find „Trauerweiden", „Lebensbäume" und andere „Immergrüne"; auch die „Cypreffe" wird von manchen auf Kirchhöfen verwendet. Von der Bedeutung diefer letzteren fagt ein deutscher Dichter:

> „Die Cypreffe ift der Freiheit Baum, Weil man fie dir pflanzt auf's Grab;
> Dein Leben war ein Kerker, ein Traum, Bis der Tod dir Flügel gab"
> (Rückert.)

Ein augenfällig, etwa auf der Kreuzung der Hauptwege angebrachtes, weithin fichtbares C r u c i f i x ift auf einem Kirchhofe gewiß am rechten Ort, und wird gerade in diefer Umgebung einen um fo gewaltiger zum Herzen redenden Anblick gewähren.

Für die F o r m d e r D e n k m ä l e r läßt fich fchwerlich eine Regel geben, weil in diefer Beziehung der Geschmack fo verschieden, und die ge= bräuchlich gewordenen Formen fo mannigfaltig find. Eben deswegen (und weil auch zu theuer), können auch von vielen gewünschte „Mufterzeich= nungen" hier nicht Platz finden. Im allgemeinen gilt es, heidnische For= men, als Afchenurnen und dergleichen zu vermeiden. Ein zwar einfaches, aber doch angemeffenes und finniges Denkmal für Chriftengräber ift das Kreuz, ob man es nun zum eigentlichen Denkmal oder blos zum „Auf= fatz" eines folchen macht.

Das wichtigfte auf einem Denkmale und eigentlicher Zweck deffelben ift jedenfalls die „ I n f c h r i f t", darum follte (ihren Inhalt als richtig vorausgefetzt) auch ihre äußere Form und Ausführung deutlich, geschmack= voll, ohne ftörende Fehler, und dem Denkmal, auf dem fie fich befindet, entsprechend fein —In der Regel ift auch hier das Einfachfte das Gefälligfte.

Allerlei ftörenden F e h l e r n beim Anbringen der Infchrift, (z. B. in der Rechtschreibung, oder durch Verwechfelung von lateinischen und deutschen oder großen und kleinen, oder harten und weichen Buchftaben, von „n" und „u", oder „e" und „c" oder dergl.) kann man am beften dadurch vorbeugen, daß man dem „Schrifthauer" immer alle Namen, Daten, Sprüche und Verfe in lateinischer (oder beffer in lateinischen u n d deutschen) Lettern groß und deutlich aufgeschrieben giebt, etwa fo:

„Hier (hier) ruht (ruht) in &c."; oder fo:

„Hier ruht in Frieden &c."
(Hier ruht in Frieden 2c.)

Will man auf den Stein deutsche Lettern haben, fo fetze man die lateini= fchen in Klammern daneben und umgekehrt.

Als abschreckendes Beifpiel (des Inhalts zu geschweigen) davon, was bei mangelnder Vorficht des Auftraggebers von den Amerikanern, weil der deutschen Sprache unkundig, in diefer Beziehung „geleiftet" wird, diene folgendes Curiofum:

"Du wurdest uns entrissen Durch die Moerterhant
Doch kennen wir nicht wissen ob das solte sein dein ent,
du warst so from foll liebe treu bescheiden bis an dein Ent,
mit dir entflohen alle unsere lebens freuden
Ruhe sanft in Gottes Friede.

Zugleich mögen die bezüglich ihres Inhaltes im Vorwort (S. 3) ange=
deuteten Beispiele hier Platz finden, als Beispiele von Inschriften,
wie sie ungehöriger Weise auf den Denkmälern von
Christengräbern sich finden, oder aber für solche empfohlen
werden:

Einem kleinen Kinde.

Holdes Kind! Wo Todtenkränze wehen, Ruhe sanft bis zum Gericht!
Neugebildet wirst du auferstehen, Herrlich, aber unschuldsvoller nicht.

Schlumm're denn in süßem Frieden, theure Mutter, sanfte Ruh'
Sei vom Höchsten dir beschieden! Ja, wer so gelebt, wie du,
Den wird in des Himmel's Höh'n Ew'ge Seligkeit umwehn!

Und die trauernd an dem Grabe weinen, Bleiben als Verwaiste nicht zurück,
Der Verklärte liebt auch dort die Seinen Und er betet droben für ihr Glück.

Bete für uns, du geliebte Fromme, Die wir hier an deinem Grabe steh'n,
Daß dein Friede über uns auch komme, Und wir freudig einst dich wiederseh'n.

O! bitt' für uns beim Gottessohne, Daß wenn auch uns der Tod erscheint,
An seinem heil'gen Gnadenthrone Er wieder uns mit dir vereint.

Ruhe sanft im kühlen Grabe, Und umschweb' uns allezeit,
Tröste, stärke stets und labe Uns im schweren Herzeleid,
Bis wir einst in Himmelshöh'n froh — Wiedersehn.

Wenn kleine Himmelserben In ihrer Unschuld sterben ꝛc.

Ach, wir sind es uns bewußt: Nichts ersetzt uns den Verlust ꝛc.

Einem, der in einem Anfalle von Schwermuth sich selbst erhängte,
der bis dahin als ein ernster Christ geachtet war, setzte man ohnlängst
Folgendes:

Deine Hülle war zum Tod berufen, Himmelswonne hat dich angeblickt.
Jenseits wirst du triumphirend rufen: Vater, Dank! die Laufbahn ist vollbracht.

In Betreff der „Sinnbilder" genüge ein Hinweis auf die ein=
fachen, sinnigen, bezeichnenden Sinnbilder auf altchristlichen Grä=
bern nebst einigen Zuthaten:

Der Fisch, als ein Zeichen des Bekenntnisses zu Jesu Christo, dem Sohne
Gottes, dem Heilande. Denn das griechische Wort "ichthys," das
zu deutsch „Fisch" heißt, benützte man zu einem Symbol, indem man
die einzelnen fünf Buchstaben des Wortes (I CH TH Y S) zu An=
fangsbuchstaben der fünf Worte machte: Jesus CHRistus Theu (Got=
tes) Yios (Sohn) Soter (Heiland). (Aus der Zeit vor Constantin,
gest. 337 n. Chr.)

Das Monogramm Christi; die Verschlingung der (griechischen) An=
fangsbuchstaben des Namens: „Christus." (Aus d. Zeit nach Const.)

Kreuz und Palmzweig; kleiner Palmzweig (Palmenwedel); ein Palmenkranz mit Blumen; Lorbeerkranz mit Schleife; welches alles Sieg, Frieden, Freude bedeutet.

Taube mit dem Oelzweig; als Zeichen der Rettung aus der Fluth des Verderbens.

Taube (fliegend), sonst oft das Sinnbild des hl. Geistes, hier: der Seele, die vom Leibe befreit dem Himmel zueilt.

A und O, ohne oder mit Kreuzeszeichen, als Erinnerung an den Anfänger und Vollender unsers Glaubens.

Das Lamm; der Weinstock (Christus); der Kelch (des Heils).

Der Hahn, als Sinnbild der Wachsamkeit.

Der nach frischem Wasser lechzende Hirsch, das Bild der nach Gott dürstenden Seele.

Das Schiff (mit schwellenden Segeln), das, weil der Herr an Bord, glücklich auch durch die Sturmfluth des Todes führt.

Die brennende Lampe oder Leuchter (Glaube bedeutend).

Anker (Hoffnung); Anker in Kreuzgestalt, deutet an, daß der Christ das Kreuz, durch welches er erlöst, mit seiner Hoffnung umfaßt.

Der gute Hirte; — mit einem Lamm auf den Schultern; — vor der Heerde, mit dem Angesicht gegen den Wolf gekehrt.

Das Angesicht Jesu Christi, des Lebens- und Friedensfürsten.

Christus, mit einer Schlange unter seinen Füßen; — mit der Siegesfahne; — über einem offenen Grabe (Auferstehung).

Lamm mit der Siegesfahne. Eine Schlange am Pfahl. Krone.

Glimmender Docht. Adler über seinen Jungen. Aufgehende Sonne.

Wallfisch mit Jonas im Maule. Uhr (Sanduhr). Ein knieendes Lamm (der Gläubige, als Christi Schäflein). Eine Garbe reifer Frucht. Abgeschnittener Stamm mit einverleibtem edlen Pfropfreis; darunter: „Gestorben zum Leben."

Zwei zum Abschied in einander gelegte Hände. Eine mit dem Zeigefinger nach oben weisende Hand. Ein aufwärts fliegender Engel mit einer menschlichen Gestalt in seinen Armen. Ein offenes Buch (Bibel darstellend) mit Textangabe. Ein ein liegendes Kreuz umfassendes Kind; oder 'ine ein stehendes Kreuz umfassende Gestalt eines Erwachsenen (kindlichen Glauben an Christum bedeutend). Eine geknickte, abgebrochene oder verwelkte Blume (Lilie, Rose); und so weiter.

Verwerflich müssen den Christen alle und jede Jnsignien irgend welcher weltlichen Logen und Vereine erscheinen, die hier nicht näher ange= deutet zu werden brauchen, weil sie ja allbekannt sind. Verwerflich sind ferner alle nichtssagenden, oder heidnischen, oder nationalistischen Sinn= bilder, als: Aschenurnen, umgestürzte, verlöschende Fackeln, durchbohrte Herzen, Dreiecke und dergl.

Ebenso sollten Christen alle aus dem Heidenthum stammenden leeren „Gräber reben sarten‘ vermeiden, deren einige infolge des Mangels schriftgemäßer Erkenntniß, leider, bereits üblich geworden sind; als: „Sanft ruhe seine Asche!“ „Die Erde werde ihm leicht“ und dergl. Da= gegen eignen sich folgende

Ueber= und Unterschriften.

Hier liegen die Gebeine des ... . Ruhestätte des......

Hier ruht N. N., ein treues Weib und sorgsame Mutter.....

Hier ruht N. N., eine gläubige Christin und demüthige Magd ihres Heilandes.

Hier ruht N. N. im Frieden....in Gott....im Herrn....

Hier ruht in der Hoffnung einer fröhlichen (seligen) Auferstehung......

Hier wartet einer fröhlichen Auferstehung......

Hier wartet der Zukunft Jesu Christi, des Herrn......

Hier schlummert...... ......im Frieden ꝛc.

Hier haben wir unsern lieben N. N. schlafen gelegt.

Dem ehemaligen Lehrer......die dankbaren Schüler......

Dem unvergeßlichen Vater in Christo......in dankbarer Liebe die geist= lichen Kinder.

Dem heimgegangenen......die Pilgerin.

Dem Seligen......die gläubig wallende.... .

Dem triumphirenden Gotteskinde......die tiefgebeugte Wittwe

U. s. w., u. s. w.

Anhang.

1. Grabschriften der ersten Christen, wie man sie noch in Rom findet.

Dem Severus, dem süßesten Sohne, sein Vater Laurentius, dem Guten, welcher lebte 5 Jahre, 8 Monate, 5 Tage, geholt von den Engeln am 7. Jan.

Hier ruht in Frieden ein Knecht Gottes, der Ehrwürdige Presbyter Joannicus, 80 Jahr, abgerufen von dem Herrn am 20. August 463; er saß im Amte 21 Jahr.

Ein Gläubiger von Gläubigen stammend, Zosimus, liege ich hier, der ich gelebt habe 2 Jahr, 7 Monate, 25 Tage.

Hermaiskus, Licht, du lebst in Gott, dem Herrn Christus; 10 Jahr, 7 Monate alt.

Der guten Regina hat ihre Tochter das Grabmal errichtet, der guten Regina, ihrer verwittweten Mutter, welche den Wittwenstand einnahm 61 Jahr und die Kirche niemals beschwert hat, nachdem sie gewesen eines Mannes Weib; welche lebte 80 Jahr, 5 Monate, 26 Tage. (Darunter eine Taube mit dem Oelzweig.)

Sei nicht traurig, mein Kind, nicht ewig ist der Tod.

Turbus schläft......Sei aufgenommen in Christo.

Vitalissimus, der süßesten Rufina, welche lebte 32 Jahr, 2 Monate, 10 Tage; der liebsten Gattin, welche mit mir wohl gearbeitet hat.

Junius, welcher lebte 42 Jahr, 2 Monate, ist als Präfect von Rom neugetauft zu Gott gegangen am 25. August 359.

Fructuosus, deine Seele ist mit den Gerechten.

Bernaile, dein Geist ist mit den Heiligen. (Kranz und Palmzweig.)

Hier ruht im Schlaf des Friedens Renovatus, welcher lebte 23 Jahr; bestattet am 1. Juli 545.

Kaloceros hat bereitet dem Macedo und der Safigena, den süßesten Eltern, die Ruhestätte bis zur Auferstehung. (Darunter der Fisch des Jonas, als Vorbild der Auferstehung des Herrn.)

Hier ruht in Frieden Dudimo, welcher lebte 30 Jahr; den Grabstein hat gesetzt sein Weib Duba. (Darunter der Namenszug Christi und zu beiden Seiten ein Lamm.) (Im Museum in Wiesbaden.) (Abendschule 10, 95.)

Durch Kreuz und Leid die Väter all' gedrungen sind zum Himmelssaal,
Durch Glauben sie Gott schauen an; Wer selig wird, geht gleiche Bahn.

----

2. Grabschriften verschiedener Personen.

Das Epitaphium und Prophezei, welches ihm unser lieber Vater D. Martinus, selbst gemacht hat:

Pestis eram vivus, moriens tua mors ero, Papa!

Deutsch: Pabst, Pabst, da ich lebete, war ich deine Pestilenz, wenn ich sterbe, so will ich dir dein bitter Tod sein.

(J. Bugenhagen, in Luther's Leichenrede, 22. Febr. 1546.)

Als Luther's Lenchen (gest. 1542) lag im Grabe,
Setz't er die Grabschrift ihr als Liebesgabe:

Hier schlaf' ich, Dr. Luther's Töchterlein,
Ruh' mit allen Heiligen In meinem Bettelein,
Die ich in Sünden war geboren,
Hätt' ewig müssen sein verloren,
Aber ich leb' nun und hab's gut,
Herr Christ, erlöst mit deinem Blut.
(Leseb. Conc. Berl. S. 84)

Copernicus, († 1543) ein von Herzen gläubiger Mann, hat sich selbst folgende Grabschrift gemacht:

Non parem Pauli gratiam requiro,
Veniam Petri neque posco, sed quam
In crucis ligno dederas latroni. Seculus oro.

Zu deutsch: Nicht die Gnade, die Paulus empfangen, begehr' ich,
Noch die Huld, mit der du dem Petrus verziehen,
Die nur, die du am Kreuze dem Schächer gewährt,
Die nur erfleh' ich. („Lutheraner", 36, 102.)

Epitaphium auf Joh. Bugenhagen († 20. Apr. 1558.)
(Sein Wahlspruch.)

Si JEsum bene scis, satis est, si cetera nescis
Si JEsum nescis, nihil est, quod cetera discis.

Deutsch: Kennst du Jesum nur recht, ist's genug, wenn du weiter auch nichts weißt.
Wenn du Jesum nicht kennst, ist's nichts, wenn du alles auch lernest.
(Ab. sch.-Kal., '85, 131.)

Die Gräfin Mar. Cath. Soph. v. Hohenlohe u. Gleichen († 1761), bestimmte für sich zur Grabschrift die Worte:

„Hier ruhet eine große aber reichlich von Gott begnadigte Sünderin."

Andreas Pangratius, luth. Prediger in Hof, † 1576, dichtete schon 1569 für sich folgende Grabschrift:

„Hier liegt bei seiner Heerd' der Hirt
Und wart't, bis ihn auferwecken wird
Am jüngsten Tag der Herre Christ,
Der sein getreuer Heiland ist.
Schickt euch all' recht, ihr müßt hernach
Und wisset doch wed'r Stund' noch Tag.
Was ihr jetzt seid, bin ich gewesen,
Und wie ich bin, müßt ihr genesen
D'rum thut recht Buß' und säumt euch nicht,
Ein harter Stand ist's jüngst' Gericht."
(Beste, Kanzelredner 2, 231)

A. G. Kästner's Grabschrift, die er sich selbst gesetzt:

„Von Müh' und Arbeit voll Kam mehr als hoch mein Leben·
Doch froh in dessen Dienst, der Trieb und Kraft verleiht.
Im Glauben an seinen Sohn, Der sich für uns gegeben,
Geh' ich getrost zur Ewigkeit." (Abendsch. 11, 92.)

Selbsterwählte Grabschrift der Tochter des Ritters Hans von Bernhold:

''Beata Christiana, in Christo semper eadem!''
(D. h.: „Eine selige Christin, in Christo immer dieselbe.")
Ist gleich allhier in kühler Erde die Hand voll Staub verdorben;
Ich war des Herrn, ich bin des Herrn, Und bleib' auch ungestorben.
(„Luth". 44, 149.)

In der Westminsterabtei zu London steht Händel's Stand=bild in Lebengröße mit himmelan gerichteten Blicken. Er hält ein Notenblatt in der Hand, worauf die von ihm so herrlich componirten Worte befindlich sind:

"Ich weiß, daß mein Erlöser lebt." Hiob 19, 25. (Abendsch. 14 156.

Eine alte Grabschrift, die ein christlicher Mann sich selber machte:

Auf Erden sterben wir, Im Grabe ruhen wir,
Im Himmel leben wir, Ach, wer wollt' bleiben hier?

Als ein Gymnasiast in Ft. Wayne auf dem Eise verunglückt war, machte Herr Conr. Achenbach folgende Grabschrift:

"Mich hat mein Gott von glatter Bahn
Auf Flügeln heim zu sich getragen;
O frag' nicht, warum er's gethan:
Der Tag der Freude wird's schon sagen.
Wenn auch die Welt einst fällt auf ihrer Bahn,
Dann kommen wir beim Quell des Lichtes an."

---

3. Beispiele vollständiger Grabschriften.

1.) Walter Crull,
Geb. 28. Sept. 1868.
Gest. 6. Mai 1881.
"Ich weiß, daß mein Erlöser lebet."

2.) J. C. W. Lindemann,
Seminar=Director.
Geb. den 6. Jan. 1827,
Gest. den 15. Jan. 1879.
Leichentext: Phil. 1, 21. "Christus, der ist mein Leben, Sterben ist mein Gewinn."

3.) Hier ruhet in Christo:
Pastor A. G. G. Francke,
Geb. 21. Jan. 1821.
Gest. 3. Jan. 1879.
Gedenket an eure Lehrer, die euch das Wort Gottes gesagt haben, welcher Ende schauet an, und folget ihrem Glauben nach. Ebr. 13, 7.
(Rückseite des Steines.)
Ihrem treuen Seelsorger gewidmet von seiner Evang. luth.
Gemeinde zu
Addison, - - Ills.

4.) Hier ruhet in Gott:
Friedrich Funk,
Zögling des Luth. Seminars zu Fort Wayne.
Geb. den 2. Juni 1835,
Gest. den 30. April 1857.
Leben wir, so leben wir dem Herrn, sterben wir, 2c. Röm. 14, 8.

5.) Hier ruhet in Gott:
Herman W. Wichmann,
weiland Pastor zu W. Woolwich, Can. West.
Geb. den 9. Juli 1840,
Gest. am 25. Dec. 1863.
Und tritt das letzte Leiden an,
So weiß man, wie man sterben kann,
Wenn wir nur Jesum haben:
In seinem Heil Liegt unser Theil
Und Trost begraben.

6.) Hier ruhet in Gott:
Pastor J. P. Kalb,
Geb. 4. Juli 1828,
Gest. 8. Juni 1858.
Ich bin die Auferstehung und das Leben. Wer an mich glaubet, der wird leben, ob er gleich stürbe.

7.) Hier ruhet in Gott:
Herr A. Wolter,
lutherischer Pastor und treuverdienter
Lehrer am Seminar,
geb. den 25. Aug. 1818,
Entschlafen d. 31. Aug. 1849.

Selig sind die Todten, die in dem
Herrn sterben von nun an; ja, der
Geist spricht, daß sie ruhen von ihrer
Arbeit, und ihre Werke folgen ihnen
nach.

8.) A. T. F. Biewend, A. M.
weil. Prof. und Dir.
am Ev. Luth. Concordia-Collegium
zu St. Louis, Mo.

Geb. zu Rotherhütte, Kgr. Hannover,
am 5. Mai 1816,
Gest. am 10. April 1857.

Die Ev. Luth. Gemeinde zu St.
Louis, Mo.

(151.) „Ich achte es alles für Schaden gegen der überschwänglichen Erkenntniß Christi Jesu, meines Herrn"
Phil. 3, 8.

9.) Hier ruhet in Jesu:
Joh. Friedrich Bünger,
weiland
treuverdienter Pastor der
Ev. Luth. Immanuels-Gemeinde zu
St. Louis,
Geb. den 2. Jan. 1810
zu Etzdorf in Sachsen,
Gestorben den 23. Jan. 1882.

10.) Hier ruhet:
G. Ph. Speckhard,
ev. luth. Pastor und Direktor der
ev. luth. Taubstummenanstalt in
Norris, Wayne Co., Mich.
Geb. den 22. Januar 1821 zu
Wersan, Großherzogthum Hessen,
gest. den 20. Nov. 1879.
Gewidmet von seinen dankbaren
Schülern.

11.) Alwin W.
Sohn von W. und L. Brüggemann,
Geb. den 24. Jan. 1875,
Gest. den 5. Juni 1885.

„Ich habe genug, daß mein Sohn Jo-
seph noch lebet; ich will hin und ihn
sehen." 1 Mos. 28, 45.
(Rückseite.)
Wenn ihr mich werdet finden,
(Werd' ich) vor Gott, frei aller
Sünden,
In weißer Seide stehn,
Und tragen Siegespalmen
In Händen und mit Psalmen
Des Herren Ruhm und Lob erhöhn.

„Herr, nun lässest du deinen Diener in
Frieden fahren, wie du gesagt hast." Luc.
2, 29.
12.) Theo. Julius Brohm,
weil. evang. luth. Pastor in New
York und St. Louis.
Geb. 12. Sept. 1808,
Gest. 24. Sept. 1881.
Anm. — Der Grabstein ist in Form
eines Gebetpultes, mit aufgeschlagener
Bibel. Obiger Spruch ist da zu lesen.
Das andere ist am Schaft zu lesen.

Schlußstein.

Nichts Lieber's mir auf Erden ist Als nur mein Heiland Jesus Christ,
Von dem will ich nicht lassen ab, Bis man mich trägt ins kühle Grab.

Ach Herr! lass' dein lieb' Engelein, Am letzten End' die Seele mein
In Abraham's Schoß tragen;
Den Leib in sein'm Schlafkämmerlein Gar sanft ohn' ein'ge Qual und Pein
Ruhn bis am jüngsten Tage;

Alsbann vom Tod erwecke mich, Daß meine Augen sehen dich
In aller Freud', o Gottessohn! Mein Heiland und mein Gnadenthron!
Herr Jesu Christ, erhöre mich, Ich will dich loben ewiglich!

Amen.

Quellenangabe.

Die Sprüche sind sämmtlich aus der hl. Schrift, nach der deutschen
Uebersetzung Luther's genommen; die Liederverse, =Strophen und Reime
großentheils aus unserem „Kirchengesangbuch für ev. luth. Gem. u. A. C.",
Conc. Verl., St. L., Mo.; und zwar, wenn durch das Herausnehmen aus
dem dort befindlichen Zusammenhange eine solche nöthig war, mit geringer
Veränderung der Form.
Außerdem wurden zu einer Auslese benutzt:
a. Mit Erlaubniß der Herren Verfasser folgende Bücher:
„Aehrenlese", Gedichte von H. Ruhland, Milwaukee, 1878.
„Evangel. Trosttröpflein", Gedichte von Pastor P. A. Weyel,
    Mt. Vernon, N. Y., 1879.
„Hebet eure Häupter auf", von Pastor H. Fick, St. Louis, 1864.
b. Mit Erlaubniß der geehrten Redaktionen derselben folgende
    Zeitschriften, d. h. jeweilig darin veröffentlichte Gedichte und
    Reime ꝛc., nämlich:
„Der Lutheraner", „Die Abendschule", „Das ev. luth. Kinder=
    blatt", „Das ev. luth. Volksblatt", „Der Zeuge der Wahr=
    heit", „Die Rundschau".
Das Uebrige ist aus folgenden Quellen geschöpft:
Caspari, Geistliches und Weltliches, St. L., bei Volkening.
„Alte Reimgebete" in W. Loehe, Rauchopfer für Kranke und
    Sterbende, Nördl., 1863.
Walch, Luther's Werke.
„Der evangelische Kirchhof und sein Schmuck", Auszug aus einem
    Aufsatz desselben Titels im „Christl. Kunstblatt für Kirche,
    Schule und Haus", von H. v. Merz und C. G. Pfannschmidt.
    (Stuttg. bei Steinkopf), im „Freimund", Augsb., No. vom 6.
    Sept. 1863.
Anonymus—Eine kleine Grabschriftssammlung.
G Gericke—Der christliche Gottesacker, Langensalza, 1868.
Inschriften auf den Grabmälern verschiedener Kirchhöfe.

F. W. Br.

Spruchregister,

nach Reihenfolge der bibl. Bücher geordnet.

(Ausgedruckt sind die Sprüche unter der ersten No. zu finden.)